"十四五"职业教育国家规划教材

智慧商业创新型人才培养系列教材

新零售实务

第2版 慕课版

张卫林 庄新美子/主 编

张 苗 黄平平 张 琳/副主编

ELECTRONIC
COMMERCE

人民邮电出版社

北 京

图书在版编目（CIP）数据

新零售实务 : 慕课版 / 张卫林，庄新美子主编.
2版. -- 北京 : 人民邮电出版社，2024. -- (智慧商业
创新型人才培养系列教材). -- ISBN 978-7-115-65439
-7

Ⅰ. F713.32

中国国家版本馆 CIP 数据核字第 2024P15C72 号

内 容 提 要

数字化时代的到来让传统零售业借助人工智能、大数据等新技术，开辟了零售业数字化转型的新消费模式。本书系统地阐述了新零售如何运用数字化技术进行管理与运营，内容主要包括新零售概述、新零售营销、新零售交易管理、新零售客户服务、新零售仓储物流、新零售数据化运营、新零售门店运营与管理，以及新零售与人工智能应用等。

本书内容新颖、讲解透彻，既可作为本科院校、职业院校相关专业门店运营实务、新零售运营等相关课程的教材，也可作为广大新零售研究人员和从业人员的参考书。

◆ 主　　编　张卫林　庄新美子
　　副 主 编　张　苗　黄平平　张　琳
　　责任编辑　侯潇雨
　　责任印制　王　郁　彭志环
◆ 人民邮电出版社出版发行　　北京市丰台区成寿寺路 11 号
　　邮编　100164　　电子邮件　315@ptpress.com.cn
　　网址　https://www.ptpress.com.cn
　　涿州市京南印刷厂印刷
◆ 开本：787×1092　1/16
　　印张：11.5　　　　　　　　　　2024 年 12 月第 2 版
　　字数：278 千字　　　　　　　　2025 年 9 月河北第 4 次印刷
定价：46.00 元
读者服务热线：(010)81055256　印装质量热线：(010)81055316
反盗版热线：(010)81055315

党的二十大报告指出，加快发展数字经济，促进数字经济和实体经济深度融合，打造具有国际竞争力的数字产业集群。随着数字技术的发展及云计算、大数据、人工智能等新兴技术的不断涌现与广泛应用，在消费升级的大背景下，新零售得以快速崛起。新零售从新兴的数字技术出发，帮助零售商实现线上和线下的全面数据融合，进而重构客户关系和合作伙伴关系，最终呈现出多种多样的新零售实践模式。因此，新零售不仅是简单的商业变革，更是思维方式、运营模式、操作方法、技术工具等的深度融合。

本书编写特色

- **理实结合、学以致用**：本书立足新零售多业务场景，通过大量的案例讲解与理论分析，让读者能够真正掌握新零售的理论知识与实践技巧。

- **校企双元、协作开发**：本书立足"三教"改革，联合学校与企业共同编写，对接新零售职业岗位标准，融入行业新技术、新规范，着重讲述与新零售业务相关的知识与技能。

- **配套视频、资源丰富**：本书提供丰富的立体化教学资源，包括PPT、教案、案例、视频等，用书教师可登录人邮教育社区（www.ryjiaoyu.com）下载并获取相关资源。

本书编写组织

本着共建、共享原则，为缓解众多院校开设"新零售实务"课程缺乏教学资源的现状，编者团队共同编写了本书。本书由张卫林、庄新美子任主编，张苗、黄平平、张琳任副主编。感谢梦想在线网络科技有限公司为本书编写提供了案例。

尽管在编写过程中编者力求准确、完善，但书中可能还存在疏漏与不足之处，恳请广大读者批评指正，在此深表谢意！

编者

2024 年 8 月

目录

项目一

新零售概述

【学习目标】

➤ 了解新零售的起源

➤ 理解新零售的内涵

➤ 掌握新零售与传统零售的联系与区别

➤ 掌握新零售与传统电商的联系与区别

➤ 了解新零售的发展趋势

➤ 具备使用"人–货–场"方法论进行业务分析的能力

➤ 具备辨析新零售与传统零售的能力

➤ 具备辨析新零售与传统电商的能力

【素养目标】

➤ 具有数字化应用思维

➤ 具有创新意识和开拓精神

视频自学

【思维导图】

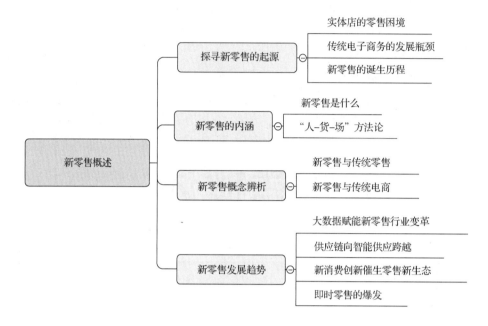

【案例导入】

由"物"到"人"，良品铺子的新零售之路

如今的消费者更加注重零食的健康和营养，并且对个性化的口味有着强烈追求。同时，互联网技术的发展和电商平台的兴起为零食行业带来巨大的市场潜力。

在这一背景下，良品铺子作为一家备受瞩目的零食品牌，以独特的商业模式和对消费者需求的准确把握，不但满足了消费者对高品质、健康且具有创意的零食的需求，还抓住了新零售爆发的机遇，积极拓展和优化线上销售渠道，不断创新产品和开发服务，在优化物流和供应链体系的基础上实现由"物"到"人"的转变。图 1-1 所示为良品铺子新零售转型策略。

图 1-1　良品铺子新零售转型策略

1. 线上销售渠道的拓展和优化

良品铺子通过在淘宝、京东等成熟的电商平台上开设官方旗舰店，很好地展示了产品特色，并利用这些平台的数据分析功能深入了解消费者需求，从而进行个性化推荐和精准营销，为消费者营造了良好的购物体验，以提高消费者的购买转化率。同时，随着移动设备的普及，移动应用程序成为消费者购物的首选方式之一。基于此，良品铺子开发了自己的移动应用程序，为消费者提供了更为便捷的购物体验和定制化推荐。图 1-2 所示为良品铺子小程序，该小程序提供了"到店取""良品送""电商购"等多种销售形式，满足了消费者多样化的购物需求。

图 1-2　良品铺子小程序

2. 产品创新和服务开发

良品铺子通过市场调研，对消费者需求有了更加深刻的洞察，并基于消费者需求有针对性地进行了产品创新，生产符合消费者需求的新产品。例如，消费者需要便于携带的食品，良品铺子就开发出方便携带、易于食用的小包装零食。同时，良品铺子还在线上平台和线下门店中展示这些新产品，并通过促销活动、试吃等方式引起消费者的兴趣和购买欲望。

3. 物流和供应链体系的优化

为了提供更加快速的配送服务，良品铺子通过与物流公司合作、自建仓储和配送中心等方式对物流网络进行建设和优化，大大缩短了订单到达时间，提高了物流效率。目前，通过合理规划配送路线，良品铺子能够实现即时交付，从而提高消费者满意度。此外，良品铺子通过大数据分析进行智能调度和需求预测，以实现动态仓储。

通过以上策略，良品铺子成功地满足了消费者对高品质零食的需求，成为一个可以让消费者随时满足零食需求的优先选择。

思考：

（1）良品铺子为什么进行新零售转型？

（2）通过对良品铺子新零售之路的了解，你认为新零售的核心是什么？

1.1 探寻新零售的起源

新零售这一概念一经提出就被广泛讨论，人们对它的讨论集中在"为什么""是什么""怎么办"三个论题上。要回答新零售"为什么"的论题，就需要对新零售进行追根溯源。

1.1.1 实体店的零售困境

传统零售门店的零售额增长速度减缓；与此同时，网络零售发展迅速，这给传统零售企业的发展带来了压力。大多数传统零售企业的经营都不同程度地出现了问题，发展前景不佳。总结起来，造成传统零售企业发展困境的原因主要有以下几点。

1. 开店成本居高不下

随着劳动力成本不断增加，劳动密集型企业的用工成本大大提高，一线岗位人员需求较大，很多传统零售企业都存在招工难的问题。企业的扩张和转型需要大量资金支持，而企业现有资金远远不能满足企业发展的需要，因此，传统零售企业普遍存在融资难、融资贵等问题。

2. 消费习惯的转变

网络零售的快速发展大幅压缩了传统零售企业的利润空间，尤其是"90后""00后"已成为购物主力军。对于这些年轻人来说，通过线上渠道满足日常的购物需求已经成了一种习惯。而传统零售企业一方面受限于时间和空间，另一方面在零售模式不断发展的情况下，已经无法满足不断变化的消费者的购物需求。

3. 商业模式的落后

相对于传统零售企业"到店消费"，网络零售基本上能够提供送货上门服务，让消费者足不出户就可以获得心仪的商品，还能为消费者节省很多时间。此外，网络零售的商品种类比实体店更丰富，让消费者有了更多选择。因此，越来越多的消费者青睐网络购物。

1.1.2 传统电子商务的发展瓶颈

随着网络购物消费者数量的增加，传统电子商务（简称"电商"）的发展也遇到瓶颈：流量红利逐渐消失，用户增速大幅放缓。传统电子商务发展遇到瓶颈，原因有如下几点。

1. 消费需求的转变

随着我国经济的持续发展以及生活节奏的加快，人们对消费的需求也随之转变。社会生产给人们提供了各种商品和服务，在此情况下，消费者的消费观念也发生了较大变化，不再满足于千篇一律的消费模式，转而对新产品、新模式产生了强烈的好奇心。原先电子商务平台的价格优势被削弱，同质化、低价、劣质的商品已经难以达到消费者的期望值，这在无形中降低了其消费体验，形成"低价-劣质-低忠诚度"的恶性循环，继而造成平台消费者流失。

2. 物流模式的制约

物流是电商最重要的制约因素之一。当前，整个电商行业的物流、供应链制度还不完善，配送和第三方物流标准体系还不健全。虽然很多企业已经开始注重对物流配送机制的完善，或推出自有的配送体系，或与第三方配送企业达成合作，但电商物流体系的完善还需要长期的发展。这就导致传统电商的线上模式无法为消费者提供面对面的直接体验，消费者下单和收货之间存在一个时间差，导致消费者购物体验不佳。

3. 流量红利的消失

近十年来，电商之所以能对实体店造成巨大冲击，是因为电商让很多人能以较为优惠的价格买到自己想要的商品。同时，在电商发展的初期，随着淘宝、京东等头部电商平台的崛起，这些平台的网店吸引了大量流量，由于当时电商平台上的商家数量还不是很多，因此大量的流量被分给早期就入驻的商家。相对于线下实体店而言，电商平台的获客成本是比较低的，流量红利显著。

随着电商的发展，网店如雨后春笋般出现。对于新开设的网店而言，通过消费者搜索而获得的免费流量已经不足以支撑网店的正常运营了，流量红利基本消失。电商的成本构成复杂（见图1-3）且运营成本仍在不断增加，为获取一个新的消费者，网店往往要花费比之前更多的广告费用，购买更加昂贵的平台流量。因此，传统电子商务的发展势头也渐渐缓和。

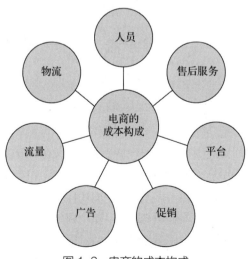

图1-3　电商的成本构成

在移动互联网时代，传统电子商务想要吸引消费者、满足消费者的购物需求，就必须解决以上瓶颈问题。

行业联动

激进扩张下的太平鸟

服装品牌太平鸟的 2022 年过得有点难。这一年，太平鸟迎来了上市以来的首次亏损。根据太平鸟发布的 2022 年全年财报，太平鸟 2022 年实现营业收入 86.02 亿元，同比减少 21.24%；实现归属净利润 1.85 亿元，同比减少 72.73%。

细究原因，太平鸟从营收破百亿元到扣非净利润出现亏损，不仅受疫情的影响，还受到渠道布局调整的影响。一方面，虽然渠道布局的高速扩张助推太平鸟在 2021 年形成了破百亿元的收益，但此时利润率已经有所下降，出现了"增收不增利"的状态。另一方面，2022 年大举扩张的太平鸟难以承受高昂的门店成本压力，而激进的渠道布局策略进一步摊薄了单店营业收入。同时，店铺的扩张也使得订货数量增加，在客流持续锐减的情况下，进一步造成库存积压，导致产品打折促销、降价处理，致使毛利率进一步下降。太平鸟想要扭亏为盈，需要全面的变革。

课堂讨论：你认为太平鸟应该采取什么样的措施，才能扭转其亏损局面？

1.1.3 新零售的诞生历程

由于传统零售和传统电子商务的局限性，新零售应运而生。新零售作为一种新型商业模式，是线上线下互联的零售模式，是一种"互联网+零售"模式。简单来说，新零售是零售行业发展的新阶段。

1. 零售行业四个发展阶段

零售行业的发展经历了四个阶段，如图 1-4 所示。

图 1-4　零售行业发展阶段

（1）连锁经营。20 世纪 90 年代末，"连锁经营"是我国零售企业发展的主要模式，以苏宁、国美为代表的大型零售连锁企业，以连锁店的方式拓展自己的业务领地，连锁店则通过信息流、资金流、商品流的规模化复制完成了商业发展的巨变。

（2）电子商务。进入 21 世纪，随着计算机、互联网等的发展和网络购物的出现，新的零售模式"电子商务"进入人们的视野，网络购物如火如荼地改变着人们的消费行为和消费观念。电子商务的出现让很多零售企业看到了网络、信息带来的巨大红利，很多零售企业开始使用数字化工具从事电子商务。

（3）移动互联。移动设备和移动互联网的发展使零售行业经历了又一次发展浪潮，从电子商务时代过渡到移动互联网时代，移动互联网进入人们的社交、工作、购物等各个方面。一些零售企业也开始借助移动营销扩展自己的业务渠道，通过手机 App、移动端店铺、微信小程序等方式为消费者提供个性化服务。

（4）新零售。当前，物联网、人工智能等新技术又为零售业开辟了一条崭新的途径。不同行业结合自身特点，借助物联网等新技术，实现线上与线下的深度结合，优化购物体验，实现精准营销。

2. 新零售的诞生

新零售的概念诞生于 2016 年的云栖大会。会议材料中提到："纯电商时代很快会结束，未来十年、二十年，只有新零售这一说，线上线下和物流必须结合在一起，才能诞生真正的新零售。"此后，"新零售"一词开始进入人们的视线，并得到人们的关注。

新零售是零售企业从多方面积极探索的对未来发展空间的有效实践，它是零售企业为满足如今消费需求进行要素重新组合的一种经营形态。当陪伴一代又一代的"传统百货"面临关店，电子商务规模增长放缓，传统零售业的冬天似乎来了。然而，在科技巨头公司的带动下，零售业正在翻开崭新的篇章：京东与永辉超市推出的"超级物种"开创了"超市+餐饮"的零售新业态；阿里巴巴投资的"盒马鲜生"是供应链、品类和服务重构后诞生的 O2O（Online To Offline，线上到线下）模式的新零售业态，其对传统零售业进行了颠覆。"盒马鲜生"门店如图 1-5 所示。

图 1-5 "盒马鲜生"门店

1.2 新零售的内涵

要理解新零售的内涵，就要知道新零售"是什么"。

关于新零售概念的讨论有很多，许多业内人士都存在不同的见解：时任阿里巴巴集团 CEO 张勇在 2016 年"双 11"期间回答关于新零售概念的问题时表示，新零售是一种借助大数据和互联网进行重构商业要素的全新商业业态；小米集团雷军认为，新零售的本质就是效率的竞争，即通过线上线下相融合，借助互联网、电商模式和技术帮助实体零售改善用户体验，提高销售效率；红杉资本刘星认为，新零售的"新"是新业态、新人群、新品牌、新技术；阿里研究院的报告表示，新零售是以消费者体验为中心的数据驱动的泛零售形态，具有"以心为本、零售二重性、零售物种大爆发"三大特征。

诸多关于新零售的概念让人眼花缭乱，而新零售的概念也在不断革新。综合各个业内人士对新零售的理解，基于他们的共识，可以将新零售的概念总结为：以互联网为依托，通过对大数据、人工智能等技术手段的运用，对商品的生产、流通与销售过程等全产业链进行升级改造，并对线上服务、线下体验，以及现代物流进行深度融合。

简单来说，新零售就是以大数据为驱动，利用新科技对用户体验进行升级，改造零售业形态。我们可以根据图 1-6 对新零售的概念进行更深入的了解。

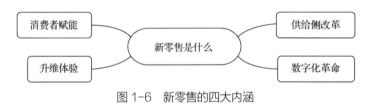

图 1-6　新零售的四大内涵

1. 消费者赋能

在新零售时代，消费者赋能体现在两个方面。一是以消费者为中心，一切以消费者的需求为出发点。零售商需要考虑的核心问题从"我有什么、我要卖什么、在哪里卖"，转变为"消费者需要什么、什么时候需要、需要多少"。二是消费者的选择成本更低、效率更高。在传统零售时代，消费者想要货比三家，至少要跑三个地方，时间成本很高。而新零售通过渠道整合，让消费者能够更加便捷和高效地触达商品。消费者只要挑选一个商品品类，就可以直接对比几乎全世界所有品牌的品质和价格，快速做出最优选择，从而实现个人的"帕累托最优"。

2. 供给侧改革

消费升级不仅促进了需求侧的结构升级，也促进了供给侧的结构升级。供给侧改革即从提升供给质量出发，矫正要素配置，扩大有效供给，提升供给结构对需求变化的适应性和灵活性，从而更好地满足消费者需求。新零售的供给侧改革体现在以下几个方面。

（1）全渠道融合。新零售是对 PC 端网店、移动 App、直营门店等多种线上线下渠道的全面打通与深度融合，将商品、库存、会员、服务等环节全部贯通后，形成一个整体。新零售实现了从单向销售转向双向互动，从线上或线下转向线上线下相融，能够为消费者提供跨渠道、无缝化体验。

（2）零售去库存。新零售能够通过系统、物流将各地仓库连接起来，完成库存共享，实现门店去库存。同时，新零售企业可以从消费者需求出发，倒推至商品生产，然后按需备货。供应链按需生产，真正实现零售去库存。

（3）打造智能门店。新零售企业一方面依托技术，实现对消费者、商品、营销、交易 4 个环节的数字化运营；另一方面，店铺基于物联网进行智能化改造，构建丰富多样的全新零售场景。

3. 升维体验

与传统零售相比，新零售不仅提供产品，还提供服务和体验。在新零售时代，消费者购买任何东西都会有数据记载。获得消费者授权后，数据后台不仅能记录消费者的姓名、身份、具体地址等信息，还能形成消费档案。基于这些数据，新零售可以为消费者提供和叠加新的消费体验，从而形成良性循环，打造基于消费者的升维体验。

4. 数字化革命

纵观新零售的发展历程，数字化一直是新零售的核心驱动力。目前，新零售企业基本上已完成对客户、门店、供应链及服务等信息系统的构建，并用数据驱动智能化运营，实现内部系统的协同。领先的新零售企业已经开始打造贯通上下游和合作伙伴的数字化合作平台，为消费者提供与众不同的数字化商品和服务。目前，新零售企业的竞争力正在逐渐从价格、商品、营销，转变为对消费者的洞察及数据分析能力。新零售数字化革命具体体现在以下两个方面。

（1）利用消费者画像进行精准营销。通过建立中央数据仓库，储存消费者与品牌接触的全部信息，如消费者基本数据、交易信息、浏览历史记录等，然后根据消费者的基本属性、生活习惯、消费行为等信息构建一个标签化模型，即消费者画像。图 1-7 所示的消费者画像即根据消费者行为等信息构建的标签化模型。有了该模型后，企业便能洞悉消费者的潜在需求，深度经营与消费者的关系，进而找到扩大口碑的机会。

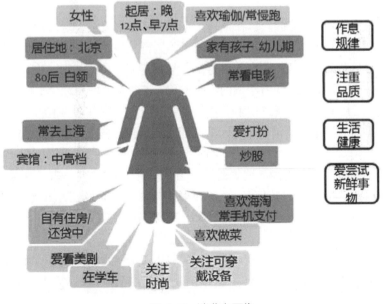

图 1-7　消费者画像

9

（2）零售云端化。新零售中的数字化革命还体现在"云端"这一概念中，未来将没有终端，只有"云端"。终端将不再是商品的销售渠道，而是消费数据传输的端口。新零售门店将充当消费体验和数据上传的端口，打造线下端和线上端有机融合的"双端"经营模式。端口将消费者等数据上传至"云端"，通过数字化技术连通线上与线下、虚拟与现实，从而实现深度融合。

1.2.2 "人-货-场"方法论

未来的消费需求将多样化、个性化，并快速迭代，将产生大量小众的细分市场。消费是决定零售销售的一个重要因素，消费需求的变化将成为行业发展的持续驱动力。在新零售时代，目标客户不仅是一类消费群体，更要精确到每一个消费者。零售将进入个性得到充分释放的新消费时代，甚至实现"一个人，一个产品，一个策略"。在新的零售业中，"人-货-场"要素在线上与线下的双重作用下进行重构，以实现最优体验、最低成本和最高收益，如图1-8所示。

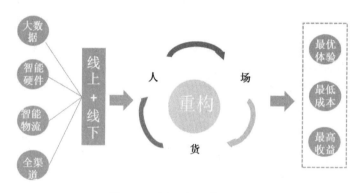

图1-8 "人-货-场"方法论图解

（1）"人"——消费者"克隆"。在未来，零售业的发展要实现对消费者的"克隆"。消费者"克隆"是指通过消费者画像，从单个消费者的数据挖掘，到目标消费群的信息集合。消费者不再是单独的个人，而是各项数据的集合体。数据是新零售的基因。

（2）"货"——产品IP化。随着经济的不断发展，消费者的消费理念不再是只满足于获得商品的使用价值，而是更关注消费过程中的体验，更倾向于满足自己在情感、社交等方面的需求。实现产品IP化，须打造以"消费者"为中心的商业逻辑，形成"IP+消费者+商品"的社会化链接。

IP能赋予商品更多的价值内涵。聚集在某一IP背后的消费者是一群具有共同认知价值的人，通过IP的"激发"，能促进转化率、购买频次、客单价的提高。

（3）"场"——场景革命。无论是百货公司、商场、便利店，还是网上商店，各种智能设备都能将其变成绝佳的购物场景。

消费者的数据通过数据化工具实时上传到云端，从而实现线上和线下的融合、虚拟和现实的融合。这能减少地域、时段对消费者购买的限制，以及商品内容形式、种类和数量对销售场景的限制。

1.3　新零售概念辨析

新零售与传统零售、传统电商既有区别又有联系。要深刻理解新零售的内涵，还需要对这几组相近的概念进行辨析。

1.3.1　新零售与传统零售

新零售，顾名思义，就是与传统零售有所不同的一种新的零售模式。其价值在于可以最大程度提高全社会流通零售业的运转效率，建立一个以消费者体验为中心的、数据驱动的泛零售形态。

1. 新零售与传统零售的联系

首先，新零售是在传统线上零售方式及线下零售方式基础上进行的升级与突破。无论是传统零售还是新零售，产品都需要通过制造商到达零售商，然后通过物流到达消费者。其追求的目标都是进一步加强制造商、供应商、销售商等之间的协同作用，最终降低成本，以实现利润的最大化。

其次，从提供的商品与服务来看，新零售并没有发生实质性的变化，零售商销售的商品种类没有发生变化，只是商品到达消费者手中的方式和渠道发生了变化。

2. 新零售与传统零售的区别

（1）理念不同。传统零售经营思想一般比较保守，不希望打破固有思维，有可能导致企业满足现状、故步自封。而传统零售企业向新零售转型，需要高层管理者具备颠覆性的管理理念和新思维，中层管理者具有线上线下融合的包容心态，基层人员具有求知精神。

（2）渠道不同。传统零售渠道比较固定，限于分销商、线下店铺。新零售则强调全渠道的概念，消费者的购物渠道从单一渠道到多渠道，是一种"全渠道零售"。全渠道零售利用最新的技术，整合信息流、资金流、物流，用一切可能的方式吸引消费者。盒马鲜生就做到了信息流、资金流、物流三流合体。消费者可以在盒马鲜生的 App 上面查看自己要买的海鲜，或者在线下的盒马鲜生店里看实物、看价格并和导购员交流，这是信息流；消费者通过线上支付，这是资金流；盒马鲜生把海鲜等物品运到店里，消费者在店里购买带回家或者通过 App 下单，而后收到盒马鲜生送来的货物，这是物流。

（3）用户体验不同。传统线下零售的购物场景是到店、拿货、付款、走人；线上零售的场景是浏览、将商品加入购物车、付款、收包裹。

新零售因商业模式、技术系统、运营方法、供应链、金融等外部条件赋能，形成了多样化的购物场景（见图 1-9），包括店铺现货购、独立 App 购、店中店触屏购、小程序购、二维码卡片购、微信 H5 页面购等，不仅给消费者带来物质消费上的享受，而且带来整个购物流程体验度的提升。

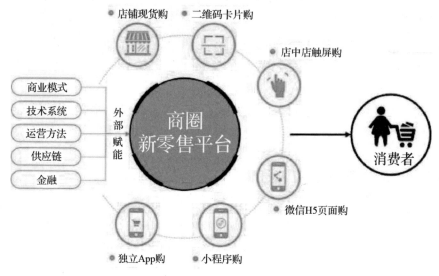

图 1-9　多样化的购物场景

（4）技术基础不同。传统零售集中在 PC 互联网时代，流量高度中心化，零售商即使拥有搭建网店的技术和运营能力也难以成功，其电商业务只能依靠现有电商平台。

新零售集中在移动互联网时代，企业可以利用大数据、云计算等技术，整合线上碎片化流量及线下实体门店自带流量，形成自己的新零售体系，如图 1-10 所示。

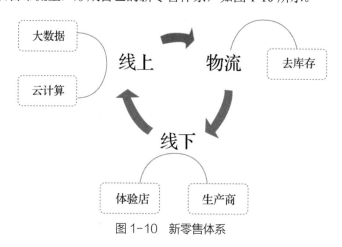

图 1-10　新零售体系

总之，新零售的发展需要企业在理念、渠道、技术等层面进行转变。

1.3.2　新零售与传统电商

很多人认为，线上电商就是新零售，这种说法并不准确。新零售对商品的生产、流通与销售过程进行升级改造，进而重塑业态结构与生态圈，并对线上服务、线下体验，以及现代物流进行深度融合。因此，新零售本质上是对人、货、场三者的重构。新零售通过科技手段让行业获得新的活力，与传统电商既有联系，也有区别。下面讲述新零售与传统电商的联系和区别。

1. 新零售与传统电商的联系

新零售的诞生离不开传统电商的发展。传统电商通常集中于线上的服务和销售，给用户提供了一种前所未有的购物体验。随着用户需求的升级，单纯的线上消费已经不能满足用户的需求。于是伴随着信息技术的发展，新零售应运而生。

从传统电商到新零售，是一个从"场-货-人"到"人-货-场"的转变，即商家从先研发产品再寻找用户的过程，转变成根据用户的需求，对应生产符合用户喜好的产品，并为用户提供体验场所的过程。

2. 新零售与传统电商的区别

（1）角度不同。在传统电商中，商家主要是以图片、文字及视频形式向用户展示商品，最大的问题之一是页面显示和用户体验之间仍然存在很大差距。显然，传统的显示方式已经不能满足用户购买商品的需求。新零售不仅要照顾到传统电商用户的需求，还要承担起让用户消费升级的任务。这一特点使得新零售必须从多个角度实现自我完善。例如，基于商家的传统内容显示形式将逐渐被基于用户的内容显示形式所取代。每一次的商品展示，都是体验商品后不同用户的真实反映。这种体验内容的展示形式无疑比传统的展示形式更加生动直观。在用户体验过程中，新零售将在传统技术上增加新的技术，让用户的体验更为真实。用户在新零售时代不仅是内容的接受者，而且是内容的生产者和承担者，为新零售的发展注入更多活力。

（2）平台干预程度不同。新零售的特点之一是平台深度干预。在新零售模式下，电子商务平台已经深入商品的生产、运输、销售和使用中。在这些环节中，传统的电子商务平台已经开始与线下商店联系起来，线下商店被视为线上商品体验的供应站。许多线上用户在线下商店中获得更加全面的体验。被平台深度干预的新零售模式结合了网上购物的便利性和线下服务的即时性，为用户带来与传统电子商务完全不同的体验。

（3）用户体验不同。传统的电子商务平台只起到引导商家的作用，不涉及其他业务。等到用户维权、商品退换时，电子商务平台得找到卖家才能解决。这种模式不仅造成了大量的资源浪费，还使得许多电子商务平台对商家的管理能力不足。

新零售业态中，平台已不再只有承担分流的作用，而更多的任务是提升用户体验。当流量红利逐渐消失时，单纯的引流很难引发购买行为。只有在引导用户的基础上，通过增加和优化平台功能，促进用户新需求的实现，才能真正实现新零售时代的到来。

行业联动

用大数据陈列商品的素型生活

在新零售时代，线上和线下的数据是连通的，线下将利用线上的数据在橱窗展示、商品推荐时直接促使交易的达成。作为阿里巴巴新零售平台业务模式的样板店，素型生活与 59 个互联网品牌进行跨界合作，实现了线上线下同款同价，24 小时不打烊。

在探索新零售的过程中，素型生活改变了传统的门店陈列方式，营造了场景式营销的购物体验。在选品上，素型生活借助阿里巴巴大数据功能，挑选符合店铺定位的商品，从而实现了对海量商品的精准化筛选。在下单环节，当消费者扫描商品标签二维码时，线上销售价格一目了然，可直接在前台或线上买单。商品配送方式可以选择门店现场自提或快递到家。同时消费者也可以先收藏后下单，从而实现真正的线上线下打通的全新购物体验。

课堂讨论：与传统电商相比，新零售具有哪些优势？

1.4　新零售发展趋势

新零售与传统零售的最大不同在于新零售利用大数据技术把"线上+线下+物流"进行充分整合，将以消费者为中心的服务、库存、物流等方面的数据全面打通，重构了生产流程和消费体验，从而实现了精细化运营和智能化供应。新零售的发展趋势主要表现在以下方面。

1.4.1　大数据赋能新零售行业变革

大数据技术为新零售创造了无限可能，使得新零售企业能够洞察消费者内心的真实需求，并为其提供个性化的商品推荐和服务，实现精细化运营。

1. 洞悉消费者需求

新零售运用大数据技术，通过数据记录和数据分析，可以帮助企业确定目标消费者，并对这些消费者的兴趣、购买力、消费经历、喜好等进行深度分析，以实现精准营销，提高服务的针对性和效率。同时，这种数据驱动的个性化服务不仅可以帮助企业提升消费者的购物体验，还能更好地满足消费者需求，提高销售效率。

2. 消费模拟

一方面，企业可以借助大数据分析技术将消费数据进行存储、分析，通过对交易过程、物流配送、产品使用等数据进行建模，对目标消费者的未来消费行为做出判断和预测。另一方面，企业可通过数据化模型模拟并判断在不同地区、不同促销方案等的情况下，哪种运营方案的投入回报率最高，提前做出应对措施，提高运营效率、降低成本。

3. 数据驱动消费者运营

在传统零售中，消费者和企业之间是一种较为松散的关系。在多数情况下，消费者完成消费，基本上就意味着店客关系的结束。而依靠大数据技术，新零售企业可以从不同层面深入分析消费者、了解消费者，并与消费者建立更为紧密的联系，以此提高消费者的忠诚度，降低流失率、提高消费额度。

4. 实施个性化精准营销

在新零售业态下，通过大数据技术的关联算法、情感分析等智能分析算法，企业可以对消费者开展个性化、定制化的营销推动服务，做到在适当的时机、用适当的方式、以适当的价格，将消费者最可能购买的商品推荐给他们，从而有效地降低营销成本，提高营销推广效率。例如优衣库会收集、存储、分析消费者消费信息，如经常购买哪种款式的服装、消费频次，以及消费金额是多少。有了精准的消费者数据，新零售企业的营销推广行为将更加高效。

1.4.2 供应链向智能供应跨越

新零售通过人工智能、物联网等技术，实现对供应链的重构与智能化管理。根据实时的销售数据，企业可以动态调整库存、物流等环节，降低库存成本，提高运营效率。

1. 优化供应链，实现"零库存"

新零售体系下的供应链能够依托大数据技术，分析商品的历史数据、影响购买的因素等相关指标，帮助新零售企业合理规划销售及仓储，指导备货管理，直至消灭库存。在这个过程中，物流配送的中间环节将被极大地压缩，新零售企业的仓储系统扮演的角色是中转、流转，不会再像传统零售商那样出现货物被长期积压在仓库中的情况。供应链高速运转，货物在路上流动，进而实现"零库存"的目标。

2. 智能化配送，提高物流效率

新零售体系下的智能物流能够精准预测销量、高效处理并调拨库存，以更高的效率、更短的链条、更低的成本将商品快速送到消费者手中，给消费者带来更优质的体验。

行业联动

京东智能物流助推平台物流效率跨越式发展

2024年春节期间，京东物流智能分拣全新升级，京东物流在全国范围内数十座"亚洲一号"智能产业园和数百个智能仓、智能分拣中心全面运转，升级改造后产能进一步提升。郑州智能分拣中心可以实现从卸车到分拣再到装车全流程自动化，单小时分拣效率较以往提高2倍。针对酒水易破碎、难以通过自动化设备进行高效分拣的行业痛点，此次还专门升级配置了全自动酒水分拣矩阵，使酒水分拣破损率降低80%。

在末端配送方面，京东物流的"黑科技"运力备足，全国30座城市的智能配送车和室内配送机器人春节也送货，与京东快递小哥组成"人机CP"，服务"最后一公里"和"最后100米"末端配送。

课堂讨论： 智能化物流发展给新零售产业带来哪些影响？

1.4.3 新消费创新催生零售新生态

随着消费升级的加快以及供需关系的转变，越来越多的企业开始回归"企业价值获取应该建立在为消费者创造价值基础之上"的商业本质。在这种背景下，产品不但需要满足消费者的使用需求，还要满足消费者的更高层次的归属感、认同感、趣味性等情感需求与精神需求，让消费者在购买及使用产品时能够获得更好的体验。

在这种多元化的消费需求下，新零售领域逐渐从关注"人、货、场"中的场景创新，转变为更为关注消费者需求的创新。对于新零售企业而言，新消费的核心不在于需求，而在于供给，即能否更懂消费者、创造打动消费者的商品。为了顺应新消费发展趋势，未来的新零售的生态体系主要存在以下三个方面的改变。

1. 商品内容生态化

为应对消费者多元化商品需求和高品质生活方式需求的转变，新零售企业要积极调整经营策略，以打造独特生活方式为思路，精心提供商品和服务，并得到消费者的认可。

2. 零售业态生态化

为应对消费需求从物质需求向精神需求的转变，未来，服装、百货等商品零售比例将逐渐降低，书店、室内滑冰场、儿童游乐场等多种功能业态和体验业态的比例将逐步上升，利用场景式消费满足消费者需求。

3. 商业环境生态化

为提升消费者在每一个消费环节的体验，提高消费者对品牌的忠诚度，新零售企业正在改变单一经营策略，通过并购、外包或合作等形式，将物流、金融、信息、品牌孵化等众多业态进行融合，构建"热带雨林"式的商业生态系统，提升企业对外部环境快速变化的适应能力。

新零售模式发展至今，零售的各个业态都需要深耕核心消费者对新消费的需求，以消费者的生活场景为中心，重新打造对目标消费者的生活方式准确洞察、深度研究的场景化模式，进行消费创新。

1.4.4 即时零售的爆发

即时零售也称"全渠道"零售，是以即时配送体系为基础的高时效性到家消费业态，是典型的零售新业态和消费新模式。即时零售的兴起是近年来中国零售市场最大的变化之一。目前，即时零售已经在潜移默化中渗透了人们的日常生活。即时零售行业持续升温，阿里巴巴、京东、美团等瞄准即时零售这一领域，纷纷入场布局。根据商务部国际贸易经济合作研究院发布的《即时零售行业发展报告（2023）》，即时零售一直保持着50%以上的年均增速。2022年，即时零售的市场规模达到5042.86亿元；预计2025年，即时零售市场规模将达到2022年的3倍。

根据是否直接拥有商品，即时零售可分为平台和自营两种模式。平台模式通常依托互联网平台将线上的消费需求和线下的商家、商品链接起来，即商家提供商品，平台提供线下即时配送服务。平台模式的优势是能够整合线下门店资源及全品类商品，满足消费者长尾需求和即时消费需求；同时也能为线下商家带来新的流量入口，帮助其更高效地触达消费者。目前，我国即时零售领域采用平台模式的企业主要有三家：美团闪购、京东到家和阿里巴巴饿了么。自营模式则是商家直接拥有门店和商品，同时具备自主配送能力，大多出现在垂直零售行业，对商品和供应链的控制能力较强，但商品品类丰富度欠佳。盒马鲜生、超级物种等都是典型的自营模式。在自营模式中，商家需要投入资金建立大量的前置仓或门店保存、管理商品，这对企业的盈利和业务扩张能力提出了较大挑战。

行业联动 ▽

即时零售市场风云再起

即时零售市场规模潜力巨大，吸引了很多企业入局、加码。

2023 年第三季度，美团闪购已与近 400 个零售品牌建立合作关系，年活跃商家数同比增长 30%，日订单量峰值突破 1300 万单。2023 年 9 月，京东到家发布 2024 年战略，其中提到，将聚焦全品类、小时达、平台化，目标 3 年内京东小时达服务的用户规模增长超 50%。抖音在 2023 年年初拓展"团购配送"项目后，又在 App 商城开放"小时达"独立入口。平台的增多势必会增加竞争的激烈程度，无论是自营前置仓，还是仓店一体、平台模式，百花齐放的即时零售赛道，都将呈现更多机会和创新。

课堂讨论：为什么各大互联网平台纷纷入局即时零售？

即时送达的便利性与商品品类的丰富性，吸引了众多消费者选择即时零售。即时零售的兴起，不仅开拓了零售业新的增长点，也使得时效性和本地化属性强的消费需求在线上得到满足，为线下商家带来新的发展机遇。依托线下零售业务和末端配送效率优势，未来即时零售业务将持续向上下游延伸，这有助于打通全领域数字化通路，在"线上线下深度融合"中发挥重要价值。

项目小结

本项目是对新零售的概述，从四个部分向读者讲述什么是新零售。第一部分介绍了新零售发展的背景，新零售的诞生是对零售业发展困境的一次突破；第二部分介绍了新零售的内涵，包括新零售的概念和方法论；第三部分主要解释新零售与传统零售、传统电商的联系和区别；第四部分则介绍了新零售的发展趋势。

实训演练

实训背景

李想是一位大三学生，目前正在一家大型超市实习。近期，该企业想进行转型升级，打造新零售业态。李想所在的市场部正在进行积极调研，市场部经理让李想负责搜集国家出台的扶持政策，并剖析这些政策覆盖的范围，以及能够给企业的这次转型带来哪些助力。

实训要求

1. 搜集的政策全面、准确，将结果填入表 1-1。

2. 政策覆盖范围归纳全面，尽可能涵盖新零售全产业链。

3. 政策助力应有针对性。

表 1-1　新零售国家相关政策

出台时间	政策名称	出台部门	政策覆盖范围	如何助力企业发展

同步实测

一、单选题

1. 实体店的零售困境不包括（　　）。

　　A. 开店成本居高不下　　　　　　　　B. 消费习惯的转变

　　C. 商业模式的落后　　　　　　　　　D. 物流模式的制约

2. 零售业的构成要素不包括（　　）。

　　A. 人　　　　　　B. 货　　　　　　C. 域　　　　　　D. 场

二、多选题

1. 当前，零售业的发展经历了（　　）等阶段。

　　A. 连锁经营　　　B. 电子商务　　　C. 移动互联　　　D. 新零售

2. 新零售与传统电商的区别在于（　　）。

　　A. 角度不同　　　　　　　　　　　　B. 平台干预程度不同

　　C. 用户体验不同　　　　　　　　　　D. 技术手段不同

3. 新零售的发展呈现（　　）趋势。

　　A. 大数据赋能　　　B. 供应链重塑　　　C. 新消费创新　　　D. 即时零售爆发

三、判断题

1. 新零售本质是对传统零售"人-货-场"商业元素的重构。（　　）

2. 新零售是完全不同于传统电商的新业态。（　　）

3. 数字化是新零售的核心驱动力。（　　）

四、简答题

1. 什么是"人-货-场"？

2. 新零售与传统零售有什么区别？

3. 收集一个传统企业进行新零售转型的案例，说出其转型途径是什么。

素质拓展

"新零售+数字化农业"助乡村振兴

2023 年 7 月，科技创新引领农业可持续发展大会暨首届"盒马村"乡村振兴大会在北京召开。此次大会进一步推进盒马与乡村振兴项目的深度融合，多方位拓宽地方农产品营销渠道，打造特色农产品品牌。通过开发共建共富"盒马村"项目，进一步提高品牌美誉度和市场竞争力，合力推进国家重点帮扶区县现代化农业发展。

共富"盒马村"的助农新计划是以产业帮扶为抓手，推动农村一、二、三产业融合发展，助力脱贫地区做好土特产文章。借助盒马平台，产销之间能够形成稳定的供应关系，推动农产品向标准化、精细化、品牌化发展，进一步发挥双方的平台优势，助力脱贫地区优质农产品销售和乡村产业高质量发展。这种模式于 2019 年 7 月在四川省甘孜州丹巴县率先试水，经过实践与经验积累，正逐步在全国复制、推广。国家乡村振兴局社会帮扶司相关负责人表示，"万企兴万村"行动旨在引导动员广大民营企业深入乡村，发展产业、吸纳就业、促进农民增收，巩固脱贫攻坚成果，全面推进乡村振兴。

思考：

（1）"盒马村"新零售模式如何助力乡村振兴？

（2）新零售企业在发展中应如何承担社会责任？

项目二

新零售营销

【学习目标】

➤ 了解新零售营销的特点和模式

➤ 掌握社区团购营销策略

➤ 掌握砍价营销策略

➤ 掌握分销营销的特点

➤ 了解全渠道营销策略

➤ 具备使用社区团购营销手段的能力

➤ 具备设计砍价营销的能力

➤ 具备建立分销渠道的能力

【素养目标】

➤ 具有实事求是的营销品质

➤ 具有谦虚好学的拼搏精神

➤ 具有吃苦耐劳的品质

➤ 具有团队合作精神

视频自学 1

视频自学 2

【思维导图】

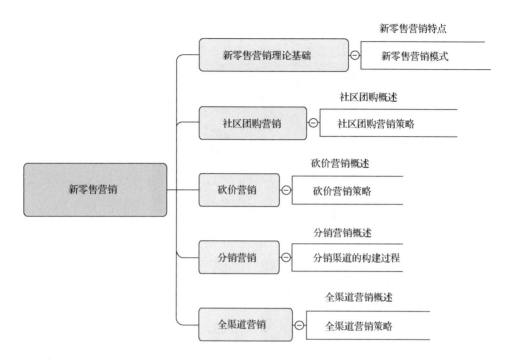

【案例导入】

宜家的新零售秘诀

提到宜家，我们脑海中通常会浮现"简约""白菜价""营销高手"等关键词。不可否认的是，宜家的确在中国市场吸引了众多消费者的青睐，那么，宜家新零售模式的成功又有哪些秘诀呢？

1. 找准品牌定位

众所周知，宜家的市场定位是提供具有良好设计、高品质和平价的家居产品，主要针对中产阶级家庭。

2. 线上线下双渠道

随着互联网的发展，宜家充分开发购物新渠道，以线上线下无缝结合的方式为消费者提供全新的购物体验。宜家一方面仍保留着实体店的存在，通过实际体验，给予消费者浓厚的购物氛围；另一方面，宜家推出了小程序，方便消费者在手机上浏览和购买其产品，如图 2-1 所示。

3. 开展内容营销

宜家十分重视在社交媒体上进行内容营销，通过开展精准营销，将品牌价值和生活理念传递给消费者。宜家在不同的社交媒体平台上，推出了不同的营销内容，如家居装修指南、儿童家具选择建议等，以吸引消费者的关注和兴趣。

图2-1 宜家小程序

思考：

（1）宜家还有哪些成功秘诀？

（2）你是否去过宜家实体店？你认为宜家实体店的物品摆放设计有哪些"小心思"？

2.1 新零售营销理论基础

与传统零售一样，新零售的本质是销售商品或服务，而两者又存在本质差别。新零售的"新"主要体现在提高效率和增强消费体验感。

2.1.1 新零售营销特点

传统零售依托于实体店，实体店以自身为中心点向外辐射，吸引众多消费者。新零售商业模式将线上与线下零售进行深度融合，使得其优势显著提升，达到"1+1>2"的效果。作为一种新型营销方式，新零售营销具有以下四大特点。

1. 渠道一体化

新零售可做到渠道一体化，即将多个渠道融合成"全渠道"。如今，消费者想要购物，可以有多种渠道选择，如通过网上平台、实体门店等。零售商需要实现多种渠道场景的深度融合和营销，在多个渠道满足消费者各种需求，打造一种新的购物方式。

2. 数字化经营

新零售行业离不开数字化经营的助力，新零售行业的数字化经营包括消费者数字化、商品数字化、营销数字化、交易数字化、管理数字化等多个方面。通过数字化经营，新零售营销不仅将销售场景转移到线上，还能通过线上获取更多消费者，从而实现线上线下销售的一体化。

3. 打造智能门店

商家可以使用大数据、人工智能等先进技术手段，并结合心理学相关知识，对商品的生产、流通与销售过程进行全面升级改造，打造智能门店，实现对线上服务、线下体验及现代物流进行深度融合，进而重塑业态结构与生态圈。

4. 高效率购物

过去，由于传统的购物模式需要消费者前往实体店铺挑选，会花费消费者较多的时间成本。通过新零售，消费者就可通过线上店铺购物，节省前往店铺的时间，且商品选择也比线下容易得多，大幅度提高了消费者的购物效率。

2.1.2　新零售营销模式

传统的营销模式是以实体店铺为圆心向外辐射，有明显的地域限制。新零售营销借助互联网的发展，可以让企业运用新技术将线上线下进行融合互补。新零售营销的重点是以场景化营销为主，基于数字化商品、交易、服务建立融合数据。新零售营销可以打通电商端、门店端的数据，并在不同场景下提供契合于该场景的链路工具支持。常见的新零售营销模式主要包括以下四种。

1. O2O 模式

O2O 是英文"Online to Offline"的简称，指线上到线下，O2O 模式是指通过在线上营销、线上购买或预订（预约）带动线下店铺的经营和消费。O2O 模式和"互联网+"模式很相似，但"互联网+"模式以互联网为侧重点，而 O2O 模式偏向于线下和互联网的结合，是为提高实际的生产生活效率而诞生的一种模式。社区团购就是典型的 O2O 模式。O2O 模式具有以下三个显著特点。

（1）线上进行交易。新零售 O2O 是互联网与线下实体店进行结合的产物，让互联网作为线下交易的前台，消费者可以先在互联网上对感兴趣的商品进行浏览，了解商品的内容、服务信息等，有消费意向后再进行在线支付，从而完成预购服务。

（2）线下享受服务。通过线上下单后，消费者可以选择在合适的时间前往店铺。到店后，消费者通过向商家出示线上购买凭证（如二维码、券码等）享受服务，完成消费。

（3）营销效果可监测。由于购买是在线上平台进行的，商家可以在平台后台看到各种商品的销售数据，实时监测营销效果，并对售卖效果差的商品及时进行调整或者下架。

2. 社交电商

简单来讲，社交电商就是"社交+电商"，只要是包含社交元素的电子商务，都可以统称为社交电商。随着社交媒体的数量越来越多，社交电商的发展也越来越迅速。社交媒体的核心要点是具有互动性且由用户主动生成内容，这使得它在新零售模式下扮演着至关重要的角色。商家可以通过社交媒体与消费者进行实时互动，收集商品的反馈，从而快速响应市场变化。同时，消费者生成的内容，如评价、分享、推荐等，为其他潜在消费者提供了参考，提高了购物的可信度和决策的便利性。

从社交能力和驱动性两个维度来看，社交电商可以分为拼购型和内容分享型。拼购型主要影响分享传播，通过利益激励、鼓励个人分享商品链接来推广商品，典型代表是拼多多。图 2-2 所示为拼多多首页。内容分享型则是采用内容分享、引流导购，主要影响购买决策，典型代表是礼物说。

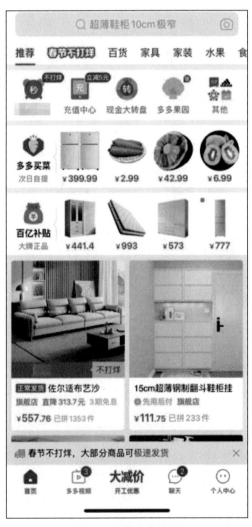

图 2-2　拼多多首页

3. BC 一体化

"BC 一体化"是一种商业模式，主要涉及零售店（终端）与用户的一体化运营。这种模式在渠道数字化中非常重要，它改变了传统的深度分销模式，使得厂家、经销商、零售店之间能够形成一种双向互动的关系。如果商家想要触达足够多的 C 端用户，就需要借助 B 端动用深度分销团队，有组织、有架构地连接用户，才能最终实现零售终端与用户的一体化运营。图 2-3 所示为新零售分销模式示意。要运用好"BC 一体化"商业模式，就势必要做好对 B 端的建设。

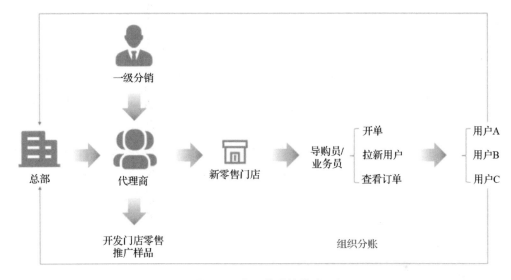

图 2-3　新零售分销模式示意

新零售的分销将个体的营销转变为全民分销。新零售中的微信营销就是典型的分销营销，它利用微信用户多这一特点传播销售某个商家产品，这样一方面节省了商家寻找营销人员的时间和精力，另一方面也为部分居家人群提供了工作和收入的机会。在分销模式下，所有销售人员既是用户又是商家，他们的存在为产品质量提供了保障。他们利用自己的人际关系，挖掘身边的潜在用户，可以在很短的时间内产生众多的代理商。

4. 全渠道营销

全渠道营销是一种旨在通过整合各种沟通渠道来改善消费者体验的营销模式。这种模式的核心理念是伴随新兴的网络技术和手机等多种媒介的出现而兴起的，可以覆盖尽可能多的潜在市场和消费者群体。全渠道营销的目的是尽可能满足消费者的购买需求，无论消费者想在什么时候、什么地点、用什么方式购买商品或者服务，全渠道的新零售商家都能满足他们的购物需求。全渠道营销不是仅限于单一的营销渠道，而是将线上线下多个平台和形式结合起来，形成一个完整的营销生态系统。这样的系统允许消费者根据他们的偏好和需求选择最合适的销售与客服渠道，从而提高整体的客户满意度和忠诚度。

对于商家来说，全渠道并非指借助所有渠道进行销售，而是指商家可以在更多的渠道类型中进行选择、组合，以实现渠道优势整合、渠道成本分摊，也可以为消费者打造一个更加丰富的场景式消费体验。

2.2 社区团购营销

社区团购的雏形最早可以追溯到2014年，它依托于真实社区而存在、发展，2020年以后，社区团购迎来了爆发式增长。

2.2.1 社区团购概述

近年来，社区团购市场成为电商行业的新热点，其以便捷、个性化的特点，越来越受到消费者的喜爱。然而，随着市场的不断扩大，社区团购也面临诸多挑战，如商品品质控制、物流配送效率及服务质量等问题。此外，技术的发展也为社区团购带来了新的机遇与挑战。

1. 社区团购的概念

社区团购指的是在小区或社区内部进行的集体购买商品或服务的行为。这种模式的产生主要依赖于互联网技术的发展，并通过线上平台将居住在同一个小区或社区的消费者联合起来，实现共同采购。通常情况下，这样的团购是通过微信群这一社交工具以及相应的团购小程序组织的。图2-4所示为某微信群进行社区团购接龙记录。

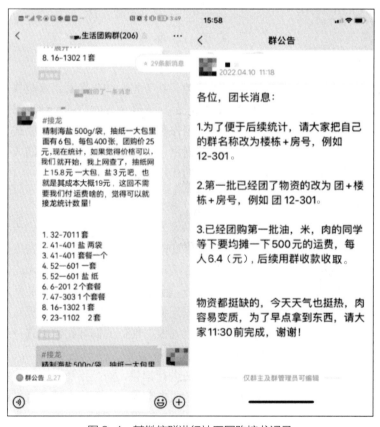

图2-4　某微信群进行社区团购接龙记录

社区团购是新零售营销的一个典型模式，它以生鲜品类切入市场，采用预售方式实现最大化的以销定采，降低了生鲜库存损耗；通过"次日达+自提"的方式，在牺牲一定配送时效性的前提下有效降低了履约成本，并结合平台补贴提供了性价比更高的商品。横向对比看，生鲜品类在社区团购平台的价格要明显低于淘宝等传统电商平台，因此较好地满足了下沉市场特征人群（闲暇时间多、价格敏感）的消费需求。而从地域分布看，相关数据显示，分布在三、四线及以下的团长数量占比达到下沉市场的70%，下沉市场是社区团购的主战场。图2-5所示为美团优选App首页，它是一个典型的社区团购平台。

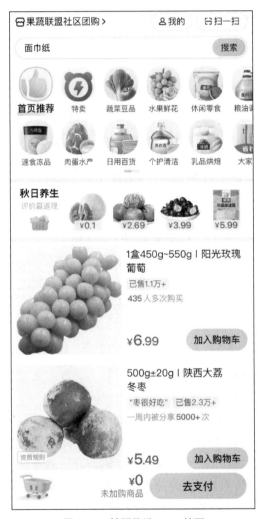

图2-5　美团优选App首页

2. 社区团购的优点

作为一种新的零售方式，社区团购具有明显的优点，主要包括运营成本低、获客成本低、运营模式易复制、裂变速度快等。

（1）运营成本低。社区团购之所以发展迅速，最主要的原因就是社区团购平台在社群所销售的产品价位会更低一些。社区团购免去了很多中间环节的费用，消费者直接从平台购买商品，价格更优惠，购买更放心。图2-6所示为社区团购流程图。

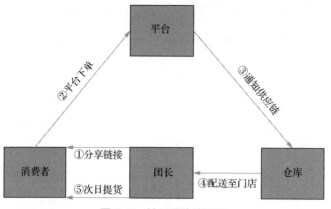

图 2-6　社区团购流程图

（2）获客成本低。社区团购一般是通过招募的团长建立微信群，团长可以直接和消费者进行互动沟通。相比实体店与传统电商，社区团购的获客成本较低。团长基于信任建立邻里社群，成员会主动传播优质产品，大部分消费者直接在群内完成咨询、互动与购买。

（3）运营模式易复制。社区团购运营的模式相对简单，主要的前期工作是将小区的居民组建在一个社群中，然后通过合理运营社群，为消费者提供优质的售前售后服务，就能轻松地获得消费者的认可。这种运营模式十分简单且易复制，因此可以被其他商家学习模仿。商家只要找到专业的团长、专业的运营人员，就能运营好社区团购。

（4）裂变速度快。注重性价比、售后和购物体验这几点对大部分消费者来说都十分具有吸引力，加上社区团购营销主要通过熟人之间的相互推荐，会让产品自带信任感。而且产品的展示方式也十分多样，如图文结合、视频等形式，便于在社群之间进行传播与分享。相比传统实体店与电商，社区团购更加倾向于好物分享，成员对产品质量并无太多担心，因此产品的裂变速度非常快，复购率也高。

3. 社区团购的缺点

作为新型零售方式，社区团购具有极强优势，同时也具有明显缺点，主要包括产品同质化严重、消费者信息不完善、过于依赖团长。

（1）产品同质化严重。由于社区团购的经营模式简单易复制，并无太多技术难度，导致社区团购的进入门槛低，售卖同类产品的情况多发、频发。同质化严重更容易带来价格上的恶性竞争，让一些原本可以持久销售的产品很快夭折，进而导致消费者对平台的品牌认知度低、流动性大，在购物之前进行多方对比，发现哪家平台便宜就选择哪家平台购物，对平台的黏性较低，平台难以培养高质量消费者。

（2）消费者信息不完善。从消费者的角度来看，自然希望可以通过社区团购活动购买到更多低价位的优质商品。随着社区团购的供货渠道增多，产品的类目也逐渐增多，实际上商家的运营成本也在随之增加。商家在开展社区团购活动时，新的消费者越来越多，因此往往疏于对新的消费者的信息进行梳理，容易影响商家的二次销售。

（3）过于依赖团长。对于社区团购来说，团长是一个不可或缺的位置。而对于团长来说，为了增加收入，一个团长往往会跟多个平台进行合作，导致团长精力不够。如果团长的服务不好，很容易影响消费者对平台的评价，严重者还有可能流失消费者。

2.2.2　社区团购营销策略

社区团购模式的出现改变了人们的购物习惯，甚至极大地改变了人们的生活。在这种环境下，越来越多的企业加入社区团购模式。在进行社区团购时，常用的营销策略有培养用户习惯、用户裂变和活动引流。

1. 培养用户习惯

社区团购运营的关键是平台控制用户的整体趋势，不能出现团长"叛逃"、用户一起流失的现象。因此，除了关注团长之外，还需要对用户进行各种营销活动，以提高他们的回购率。

（1）新客优惠券。为了推广平台，获得新用户，可以设置专门针对新用户的大额优惠券，只要第一次登录平台的用户就可以领取大额优惠券，以吸引新用户注册使用平台，刺激消费。

（2）满减活动。吸引新客注册使用后，为巩固这批新用户、增强用户黏性，在不定期定向推送优惠券的基础上，还可以设计满减活动，如满 68 元减 8 元、满 108 元减 18 元等，促使用户持续使用平台下单，培养消费习惯。

（3）奖励机制。设置积分系统、会员制度等奖励机制，鼓励用户多次购买和推荐朋友加入，从而增强用户黏性和忠诚度。

行业联动

靠雨伞推广出圈的"小区乐"

"小区乐"是一家社区团购电商平台，平台主销商品除了水果、熟食等复购率高的产品，还有家电等利润率高的品类。有需求的用户可以直接在官方微信公众号上下单，所在社区的区长将为用户送货到家。

"小区乐"上线仅 1 个月，就在 10 余个城市发展了超过 200 个团长，获取了 10 万以上的用户数，平均日订单量超 3 万。"小区乐"成功的关键，除了对品质的高要求、重视对团长的培养、采取地方规模化的采购和集中化管理外，最为人津津乐道的就是线下推广活动。"小区乐"实施走进小区活动，免费给小区的居民提供共享雨伞，并且在这些雨伞上面加印所属小区名称和"小区乐"广告。在规定时间内，如果某个小区的所有雨伞全部归还，那该小区所有参与活动的居民就可以得到"小区乐"送上的惊喜礼品。

"小区乐"使用"社区+社群+社交"的新型模式，是基于邻居这类特殊人群展开的新型零售业务，获得了极大成功。

课堂讨论：你在现实生活中是否见到社区团购的线下推广活动？请你谈谈线下推广活动的有效策略。

2. 用户裂变

如果平台想做好社区团购业务，就需要了解各种营销活动，这是判断用户市场需求的基本能力。简而言之，我们需要知道什么样的产品适合当前的营销。在进行社区团购活动中，我们需要熟悉各种各样的用户裂变玩法。

（1）支持图文直播和视频介绍，直观突出产品的卖点和亮点，吸引用户的兴趣。

（2）提供特价购买、折扣等玩法，以灵活多样的促销优惠刺激用户的消费欲望。

3. 活动引流

社区团购营销的基础是有大量的潜在用户群体，因此引流工作是十分重要的，需要通过设计特定的营销策略和活动吸引用户参与，从而提高平台的知名度和销售额，吸引用户下单消费。

（1）利用社交媒体引流。社交媒体是社区团购的核心，它的本质是基于社交网络的购物方式。因此，利用社交媒体引流是非常重要的，可以通过微信、微博、抖音、小红书等平台，发布优惠信息、团购商品、用户评价等内容，吸引潜在用户的关注和加入。同时，可以通过社交媒体广告、KOL 合作等方式，扩大社区团购的知名度和影响力。

（2）线下活动引流。线下活动是社区团购与用户建立联系的重要方式。通过组织线下活动，如社区见面会、商品展示会、亲子活动等方式，与潜在用户进行互动和沟通，增加用户对社区团购的信任和认可度。同时，可以通过与周边商家合作、举办联合促销活动等方式，扩大社区团购的影响力和用户群体。

2.3 砍价营销

砍价营销是现在的商家常用的一种营销方式，也是比较有效的推广方式。砍价营销加强了传统的促销基础，整合了新型营销理念，不再针对单个消费者降低价格，而是通过简单地发放福利，让消费者继续推向其他的消费者，这种裂变传播方式表面上看似是送福利，实际上是一种变相的营销方式。

2.3.1 砍价营销概述

砍价营销，即商家通过策划、执行一系列的促销活动和策略，引导消费者进行砍价行为，来实现销售额的增加。这一促销模式在电商领域得到许多商家的喜爱并得以广泛应用，成为各大平台和品牌提高销售和消费者黏性的重要手段之一。

1. 砍价的本质

砍价是一种口语化的说法，指的是消费者在选择、购买商品时，通过与商家进行讨价还价，争取更低价格的过程。传统的线下交易是面对面的交易，砍价往往出现在买家和卖家之间的直接接触中。然而在电商时代，砍价行为得到了创新和演变，形成了一种线上的砍价新模式。

2. 砍价营销流程

砍价营销的核心目的是吸引更多消费者参与，通过拉动更多消费者进行砍价，从而降低商品的价格，吸引更多消费者进行关注和购买。砍价营销流程一般包括确定商品、制定规则、宣传活动和提供便捷方式，如图 2-7 所示。

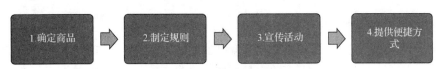

图2-7　砍价营销流程

（1）确定商品。进行砍价营销的首要工作，就是确定砍价的商品。商家需要在商品的选择上进行慎重考虑。一般来说，商家会选择部分热门商品或库存积压的商品作为砍价的商品。这样一方面可以清除库存商品，防止店铺内商品堆积；另一方面也能够在砍价活动中刺激消费者的购买欲望。

（2）制定规则。在确定好了砍价的商品之后，商家需要根据选择的商品制定合适的砍价规则。在制定规则时要注意砍价的初始价格、每次砍价的幅度、砍价活动的时间限制等。规则的制定需要考虑商家的利益和消费者的参与度，既要让消费者能够拿到实际优惠，又不能过度倾斜消费者而对商家造成太大损失。

（3）宣传活动。制定好砍价规则之后，商家要通过一定的宣传活动将砍价活动对外进行营销，从而吸引更多的消费者参加活动。例如，商家在电商平台上发布活动信息后，可以通过微信群等途径吸引消费者的关注。此外，商家还可以与 KOL 合作，借用他们的影响力扩大砍价活动的曝光度。图2-8 所示为某次砍价营销宣传活动页面。

（4）提供便捷方式。太过复杂的砍价方式会降低消费者的参与热情，因此要使活动更好地进行，商家需要提供便捷的砍价参与方式。消费者可以在电商平台上通过点击按钮、扫描二维码等方式参与砍价行为。商家还可以设计一些互动环节，例如邀请好友帮忙砍价，以增加消费者分享和参与的积极性。

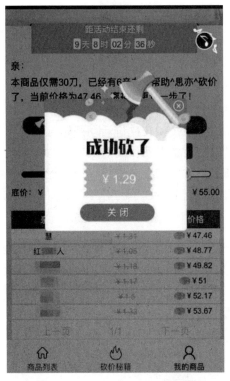

图2-8　砍价营销宣传活动页面

3. 砍价营销的优势与风险

砍价营销最直观的优势是可以有效提高商品的销量和消费者参与度，通过让消费者参与砍价行为，让消费者在无形之间与商家建立起一种互动的关系，不自觉地增强了消费者对商品的认知程度及好感度，从而提高消费者购买商品的可能性。同时，砍价活动还能为平台带来巨大的流量，提高平台的曝光度。

如果商家使用不当，砍价营销也存在一定的风险。如果商家制定的砍价规则或砍价商品的底价不合理，可能导致商家利润严重受损。此外，过度依靠砍价营销也存在一定的虚假宣传和欺诈的风险，导致消费者对该商品及商家存在厌恶情绪。因此，商家需要谨慎使用砍价营销。

2.3.2 砍价营销策略

砍价一般用于商品裂变营销，常见的砍价营销策略如下。

1. 设置砍价活动时间

在进行砍价营销时，要注意设置砍价活动的时间。商家可以提前设置一个特定的时间段，在此期间为消费者提供更低价的商品，并设置一个目标价格。消费者可以通过邀请好友帮忙砍价，以达到或接近目标价格。

2. 利用社交媒体互动

如今的消费者离不开各种社交媒体，因此商家在进行各类营销活动时，一定要关注社交媒体的重要作用。利用社交媒体平台的强大传播力，商家可以通过发布砍价活动的相关信息，吸引更多消费者参与。同时，商家可以要求消费者在社交媒体上点赞、评论或分享活动内容，以参与砍价活动。这不仅可以扩大活动的影响力，还可以提高消费者参与度、黏性和品牌忠诚度。

3. 灵活调整商品价格

商家可以灵活调整商品的价格，如在砍价活动开始时设置一个相对较高的标价，再设置适当的砍价优惠。这样做可以使消费者感受到购买商品的实惠性，从而提升购买的欲望。但在进行价格策略调整时，商家一方面需要对市场行情进行充分了解，保持与竞争对手的价格差异；另一方面，对价格的设置也不能过于离谱，否则会容易引起消费者的反感。

4. 巧妙设定砍价目标

商家在砍价活动中可以设定一个相对较高的砍价目标，再设定一定的规则激励消费者参与并完成目标。例如，商家可以设置2折的砍价目标，并规定消费者需要邀请10位好友才能达到这一目标。通过这种方式，商家可以有效地吸引消费者参与活动，达到所希望吸引的新的消费者数量，并增强消费者的互动性。

5. 提供额外奖励或礼品

在砍价活动中，商家可以通过提供额外奖励或礼品激励消费者参与活动，并增加消费者完成砍价目标的动力。例如，商家可以设定一个累计砍价金额目标，达到目标后赠送消费者一份小礼品或优惠券。这样不仅可以提高消费者的参与积极性，还可以提高消费者的满意度和忠诚度。

商家需要充分了解自己的目标消费者群体，选择适当的砍价策略，并结合实际情况进行调整和优化。同时，商家要注意避免过度压低价格而导致商品价值被贬低。综上所述，合理的砍价策略可以成为营销活动中的一种有力工具，帮助商家吸引消费者、增加销量，并提升品牌形象。

行业联动

靠"砍一刀"出圈的拼多多

很多人经常在微信收到拼多多的砍价链接，有人也对拼多多这种推广方式有些反感，但这种营销方式却是拼多多最有效的营销方式之一。

拼多多是社交裂变营销方式的集大成者，利用社交裂变发展平台用户。其中用户最喜欢的，也是平台最高效的营销方式就是"天天领现金"和"砍价免费拿"。拼多多的"砍价免费拿"的逻辑是引导用户替自己做广告，用户将砍价链接发给别人。如果对方不砍价，至少看到了信息，这就帮拼多多做了一次免费广告；如果对方帮忙砍价，则需要下载和注册App，那就帮平台发展了一个用户，如图2-9所示。

图2-9　拼多多砍价活动

课堂讨论：在现实生活中你是否用过拼多多的"砍一刀"？谈谈你对拼多多砍价营销的一些感想。

2.4 分销营销

　　传统的零售模式相对固化，会受到门店位置、周边环境等因素的影响，销售渠道相对单一。但新零售可以打破这些壁垒，充分利用人工智能、大数据分析等新兴技术手段，使得产品的销售渠道更加多元化，而分销营销就是新零售的一种手段。

2.4.1 分销营销概述

　　分销是一种商业模式，指厂商、供应商或品牌将产品或服务通过不同的渠道（如零售商、代理商、经销商等）间接地销售给消费者。分销商扮演着连接生产者与消费者之间的角色，通过将产品引入市场并推广销售，帮助生产商进一步扩大市场份额。

　　分销的目的是通过建立广泛的销售网络，将产品或服务分布到更广泛的地理区域，降低销售成本，提高市场覆盖率。分销商通常从生产商那里采购产品，然后负责运输、储存，以及促销销售。他们能够利用自己的渠道和经验推广产品，并吸引更多的消费者。分销的优势在于分担了生产商的销售与分销成本，提高了产品的市场知名度和曝光度。同时，分销商也能为生产商提供多样化的专业服务，如市场情报、促销计划、售后服务等。

1. 分销营销的特点

　　（1）消费者特性。企业渠道设计受到消费者人数、地理分布、购买频率、购买数量，以及对不同营销方式的敏感性等因素的影响。当消费者人数多、地理分布广、购买频率高、购买数量多时，生产企业适宜采取长与宽的分销渠道。

　　（2）产品特性。鲜活易腐产品、技术性强的产品、单位体积大或重量大的产品、单价比较高或有特色的产品宜使用比较短的分销渠道，尽可能减少中间环节。

　　（3）中间商的特性。中间商在执行运输、储存、促销等方面，以及信用条件、退货特权、人员训练和送货频率等方面都有不同的特点和要求，均影响着分销渠道的选择。

　　（4）竞争特性。企业分销渠道的选择与竞争者的策略存在一定关系，也与该企业竞争策略的选择非常相关。

　　（5）企业特性。企业本身的总体规模、能力和商誉影响渠道的选择。这涉及生产者能否控制分销渠道以及中间商是否愿意承担分销的职能。企业的产品组合、过去的渠道经验和现行的市场营销策略也会影响渠道的选择。

　　（6）环境特性。企业分销渠道的选择受宏观环境的影响。国家的政策法律、经济环境的变化会影响企业的渠道设计。

2. 网络分销

　　网络分销是指充分利用互联网的渠道特性，在网上建立产品分销体系，通过网络把商品分销到全国各地。网络分销可以分为"网络代销"和"网络批发"两种形式。

　　（1）网络代销。网络分销商把自己的货品放在自己创建的网上分销平台上进行展示，分销会员把相中的货品的图片和信息添加到自己开设的网店里，当有消费者需要时，分销会员负责介绍货品并促成交易成功，然后通知网络分销商代为发货。分销会员主要靠赚取差价获得收入，这对分销会员来说是一种"零风险"的创业模式。

（2）网络批发。一般面向个人网商、实体店铺、网上专业店铺等。网络批发与传统的货品批发形式一样，是指网络分销商把自己的货品放在自己创建的网上分销平台上进行展示，分销会员相中货品后，直接在网上下一定数量的订单，采用付款拿货或压款经销的形式。

2.4.2　分销渠道的构建过程

分销渠道的选择需要根据公司的总体战略愿景和使命做出，包括直接渠道与间接渠道。直接渠道指生产企业不通过中间商环节，直接将产品销售给消费者，适用于工业品分销。间接渠道指使用分销商或中介机构的渠道，包括大众分销、选择性分销和独家分销等。要想做好分销营销，重点是学会建立良好的分销渠道。图 2-10 所示为分销渠道的构建过程。

图 2-10　分销渠道的构建过程

1. 分销渠道服务需求特征分析

构建企业产品的分销渠道，首先要清楚目标市场中的顾客对分销渠道有哪些可能的服务需求。不同的目标市场里的顾客、需求服务内容存在差异。同一个目标市场里的顾客，随着时间的推移、环境的改变、自身的变化等，需求服务也有可能产生变化。因此，分析目标市场里的顾客所需要的渠道服务是一个永远的话题。分销渠道服务需求包括服务的内容和水平两部分。

分析目标市场里的顾客对分销渠道提供的所需服务内容，可以利用消费者购买行为模式中描述的购买行为反应，即购买什么产品（What）、在哪购买（Where）、为什么购买（Why）、什么时候购买（When）和如何购买（How）。

考核目标市场里的顾客对分销渠道提供的所需服务的水平，既可以考虑产品批量、方便程度、等候时间和花色品种等因素，还可以考虑其他附加服务。产品批量越小，服务频率就越高，要求的服务水平也越高；方便程度要求高，分销渠道的空间便利度随之提高，要求分销渠道的服务水平随之提高；等候时间越短，意味着服务精度越高、服务水平越高；花色品种越多，满足顾客多种需求的可行性越大，则分销渠道服务利用率增加、服务水平提高。另外，通过其他的辅助服务，如付款方式、交货方式等，也可以考核分销渠道的服务水平。

2. 分销渠道目标设计

分销渠道目标应该与生产企业的营销目标相一致，与其他目标（如生产、财务等目标）相协调。因此，分销渠道目标要考虑分销成本、产品安全、顾客方便、渠道成员利益、管理风险等内容。此外，生产企业的分销渠道会随着环境的变化而调整。无论是自然环境还是社会环境等因素的改变，都可能影响中间商或最终顾客的需求。

例如季节性强的产品，在销售旺季，其分销渠道的宽度比淡季宽。冷饮生产企业夏天的分销渠道的宽度比冬天宽，如果冬天也保持夏天的分销渠道的宽度，则会增加不必要的成本，而夏天如果与冬天一样，就可能失去市场机会。

3. 明确分销渠道任务

明确分销渠道任务，实质就是将各分销目标值分解，并明确实现的途径、手段和责任人，从而实现分销渠道任务的最终分解。

不同的中间商承担的任务或风险有所不同。如果使用经销商，因其买断产品所有权，所以对于交付经销商的产品，生产企业的影响力将会降低，产品在流通领域的风险基本由经销商承担。如果使用代理商，虽然生产企业对产品在分销渠道中流通的控制力度较大，但产品在流通领域的风险也基本由生产企业承担，因此各有利弊。

4. 影响因素分析

从市场角度看，市场规模越大、地理分布越分散，越需要长而宽的分销渠道，以便满足更多的需求。市场中不同地区、不同文化等背景下的顾客群有着不同的购买方式和购买习惯。从中间商角度看，经营能力强、信誉好、服务范围合适的中间商被选中的可能性大。但是评价中间商不能只从生产企业角度考虑，还要关注中间商本身的态度和感觉。另外，需要时刻关注竞争结构、技术环境、政治法律环境、自然环境等的变化给生产企业分销渠道的构建带来的不确定风险。

5. 分销渠道初步方案设计

在进行分销渠道初步方案设计时，一般是从分销渠道的长度决策、分销渠道的宽度决策和选择将使用的中间机构类型三个方面进行的。

（1）分销渠道的长度决策。长度既可以是零级，即直接渠道，由生产企业自己面对最终顾客；也可以是一级或二级及其以上，即由一级中间商或二级及其以上的中间商面对最终顾客。受影响因素的制约，分销渠道的长度决策可能会有多个不同方案。

（2）分销渠道的宽度决策。在长度决策基础上，再进行每一级中间商的数目的确定。其基本策略有密集（广泛）分销、选择分销和独家分销三种。一般情况下，在一个市场里，为了延长产品的生命周期，企业的分销渠道往往会由窄变宽。

（3）选择将使用的中间机构类型。直接渠道销售，要选择是利用企业的销售分部，还是建立营业所，或者建立分公司；间接渠道销售，要选择是使用经销商还是代理商，或者使用企业代理商还是销售代理商等，甚至还要考虑是选用邮购商、店购商还是网购商等。

6. 分销渠道方案评价和选择

分销渠道初步方案设计会有多个结果，即有多个分销渠道可选。是都选择，还是只选择其中的几个，抑或其中一个？这个决定过程需要对设计出的分销渠道方案进行评价后再实施。

在设计的方案中，对渠道任务分配相对比较合理的方案就是最佳的分销渠道方案。要在有利于实现生产企业分销目标的基础上，选出更加经济、可控和适合的分销渠道方案。考察"相对比较合理"的办法有多种，如成本法、风险法、加权打分法等。

7.　分销渠道方案修正及确定

当选出将实现的分销渠道方案后，还需要根据实际情况进一步进行修改完善，可以利用意见集合法，或德尔菲法等获得修改建议，同时设计出实施该分销渠道方案的计划及资源配置方案等。

行业联动

旅游代理分销系统

旅游代理分销是如今旅游行业中的一种常见模式。通过此种模式，旅游代理商可以与多个旅游产品供应商合作，从而将产品分销给消费者。

1.　携程分销系统

携程分销系统是中国旅游代理行业中最大的代理分销系统之一。该系统通过与数百家供应商合作，提供全球超过 200 000 个酒店和 60 000 个旅游产品。其用户界面友好、易于使用，同时也提供了丰富的行业数据分析功能。

2.　飞猪分销系统

飞猪是阿里巴巴旗下的在线旅游平台，其分销系统提供了 API 和工具，可以让代理商访问全球多达 700 000 个酒店和 200 000 个旅游产品。此外，该系统还提供了强大的数据分析和预测功能，以帮助代理商更好地了解市场和消费者需求。

3.　Trip.com 分销系统

Trip.com 是一家总部位于中国的在线旅游平台，其分销系统可以让代理商访问全球超过 1.2 万个目的地和 2.2 万个旅游产品。Trip.com 的分销系统提供了 API 和工具，以便代理商轻松地与其平台进行集成和连接。

课堂讨论：你是否使用过以上分销系统？请谈谈你的使用体验。

2.5　全渠道营销

随着互联网的发展，普通消费者的话语权得以提升。消费者在网络中无处不在，网络对消费者的影响也无处不在，使得营销影响也变得无处不在。

在纸媒、电视之后，当前已经没有任何一家可以触达全部消费者的媒体了。一方面，选择任何一种传播渠道就代表限定了一部分的传播受众。另一方面，每个渠道对受众的影响力逐步减弱，单一渠道影响消费者决定的能力大大降低。所以，商家必须进入全渠道营销的阶段。

2.5.1　全渠道营销概述

全渠道是一个新型术语，随着电商和零售业的发展，这一术语用来描述一种业务策略，即通过商店、移动设备和在线渠道等所有渠道提供无缝的购物体验的策略。简单来说，全渠道营销（Omnichannel Marketing）是一种深度整合线上线下多个销售与推广渠道的营销模式，旨在为消费者提供无缝和一致的购物体验。

1. 全渠道营销与多渠道营销

全渠道营销的核心在于打破界限、融合渠道，创造消费者与商家的无缝对话；而多渠道营销注重在不同渠道独立运营的效率。全渠道营销可以确保消费者在一个渠道上的行为能够影响消费者在其他渠道上的体验。对于商家来说，则可以达到同一份消费者资料库能服务于所有的销售和营销渠道的目的。

对比全渠道营销和多渠道营销的差异，关键点在于两者对渠道间联系的处理。全渠道营销强调的是渠道间的无缝连接，而多渠道营销强调各渠道独立、信息隔离。全渠道营销追求为消费者提供一致的品牌体验，而多渠道营销仅在单一渠道上寻求最优化。

2. 全渠道营销的原理

关于全渠道如何运作，没有一个标准的答案。虽然商家可以通过各种方式实施该策略，但是有一些一般原则适用于所有实施方式。

首先，商家需要深入了解消费者的需求和行为。只有做到这些，商家才能够洞察消费者的喜好，为消费者提供全渠道服务。

其次，全渠道离不开数字化。要以数字化为基础，支持多渠道的技术，并能够跟踪这些渠道数据。借助正确的营销工具，全渠道策略可以创建数据反馈循环，以个性化和有针对性的方式完善品牌信息传递并锁定消费者。随着时间的推移，这种凝聚力会建立商家和消费者之间的信任，增强品牌忠诚度。

再次，商家需要专业的全渠道团队，这一团队资源要管理全渠道策略的各个方面，包括有一个能够协调各渠道工作的团队，并确保团队中的每个人都保持同步。

最后，商家需要做好准备，不断发展全渠道营销策略。商家需要跟随消费者需求和行为的变化而改变，这意味着商家要对新想法持开放的态度，乐意尝试新事物并根据实际需要进行调整。

全渠道策略就是将销售、服务和营销结合起来，旨在为消费者提供一体化的消费者体验，包括实体店、网站、社交平台等。就像一个管弦乐队，每个渠道都是不同乐器的演奏者，可以一起创作一首令人难忘的交响乐，吸引并取悦观众。全渠道营销也是如此，每个环节必须协同工作，以提供一致的品牌体验，给消费者留下深刻的品牌印象。

3. 全渠道营销的优势

一般来说，全渠道营销具有帮助商家更好地了解消费者、方便消费者购买、帮助建立消费者忠诚度和帮助商家节省资金四大优势。

（1）帮助商家更好地了解消费者。通过跟踪所有渠道的互动，商家可以更全面地了解消费者的身份和需求，这些信息可帮助商家优化营销策略，为消费者提供更加优质的服务。

（2）方便消费者购买。在全渠道策略下，消费者可以更轻松地向商家进行购买，因此商家的销售额得以提高。例如，如果消费者在社交媒体上看到喜欢的产品，但没有时间在线下订购，就可以轻松地通过电话及其他方式订购。

（3）帮助建立消费者忠诚度。无论消费者以何种方式或在何处与品牌互动，全渠道营销都能为消费者提供一致的体验，从而帮助建立消费者的忠诚度。

（4）帮助商家节省资金。通过整合库存并使用单一平台管理所有销售渠道，从短时间来看，可能会导致商家付出一部分资金、时间成本等，但从长远来看，商家所花费的时间和资金是节省的。

2.5.2　全渠道营销策略

成功的全渠道营销策略在于能够深刻地理解消费者需求和精准定位消费者，可以从确定消费者画像、选择要投放的渠道、创建统一体验的营销渠道、遵守每个渠道的投放规则、实施营销自动化、计算渠道营销效果六个方面进行。

1. 确定消费者画像

要想进行全渠道营销，首先要对消费者有足够的了解。明确的消费者画像需要包含关于目标消费者的细节内容，这些信息可以帮助营销人员判断潜在消费者聚焦在哪些投放渠道上，考虑应该采用什么样的投放形式、呈现方法、沟通语气和语调等。

2. 选择要投放的渠道

每个投放渠道都需要花费大量的时间和预算，因此商家需要根据自身商品特点、消费者习性等因素，制定合适的营销策略、营销内容，再根据消费者画像和业务目标选择合适的投放渠道。例如充电宝适合投放淘宝或京东等电商平台，教育培训机构则适合投放搜索广告和信息流广告等。

商家一开始进行投放时的渠道不要过多，可以先筛选几个渠道进行试投放，如果投放效果较好，再逐步拓展到其他渠道。如果企业预算充足，可以多选择几个渠道进行试投；如果企业预算不足，就要尽量避免广而散的投放方式。

3. 创建统一体验的营销渠道

为了更好地进行管理，很多企业的营销团队会每人单独负责一个投放渠道。然而在全渠道营销中，拥有跨渠道的凝聚力体验是很重要的。企业需要确保团队中的每个成员都清楚业务的营销定位和目标意图，并在提供的各个渠道中遵循本企业的企业文化，给消费者提供即使换了渠道也能够很快分辨本企业产品的效果。

4. 遵守每个渠道的投放规则

虽然营销内容需要呈现一致性，但也必须针对每个投放渠道的特点进行战术设计。例如，微博适合表达观点和发布产品动态；抖音、快手适合发布短视频内容；知乎、百度知道适合问答型推广；简书适合内容创作等。商家要根据不同的投放渠道，创建不同类型的内容，以吸引消费者前来购买。

5. 实施营销自动化

企业在进行全渠道营销时，需要用到营销自动化工具，对消费者的来源和行为轨迹进行追踪，然后针对不同渠道的消费者采取不同的营销策略。例如：消费者是从哪个渠道进来的？访问了几个页面？在哪个页面转化的……营销自动化工具可以帮助企业做出决策，并采取个性化的营销策略，以匹配潜在消费者的独特路径。

6. 计算渠道营销效果

由于营销活动中投放了多个渠道，企业需要仔细计算多渠道投放后对最终消费者转化的贡献，确定每个渠道的贡献度。通过这些数据评估出企业的产品适合投放哪些渠道，不适合投放哪些渠道，为后期的营销渠道投放提供数据支撑。

行业联动

"孩子王"的全渠道模式

"孩子王"以全渠道发展战略为核心，通过官方App、微购商城、B2C商城、全球购，以及实体门店等渠道，为消费者提供随时、随地、实名、贴切的全渠道服务。基于强大的消费者管理体系和完善的数据管理系统，消费者的需求变得可识别、可洞察、可触达、可服务。以数据为载体，不仅能反向为产品研发提供创新灵感，也可为产品的零售推广提供丰富且精准的营销指引。

另外，"孩子王"还会开展很多门店的线下活动，让门店成为一个体验中心；在线上，还有育儿顾问服务，育儿顾问提供上门送货等服务。

课堂讨论：请谈谈"孩子王"的全渠道营销策略的成功之处。

项目小结

本项目是对新零售营销的概述，从五个部分向读者解析新零售营销。第一部分，简述了新零售营销的理论基础，让读者了解新零售营销的特点和模式；第二部分向读者介绍了社区团购营销，让读者熟悉社区团购营销的概念和策略；第三部分主要介绍了砍价营销，让读者知道砍价营销的概念和策略；第四部分主要让读者了解分销营销，明白分销营销的概念及分销渠道的构建过程；第五部分主要介绍了全渠道营销，让读者了解全渠道营销的概念和策略。

实训演练

实训背景

郑月月是一位大三学生，目前正在学校旁边的一家生鲜超市实习。为吸引客源，超市营销部经理决定推出一次营销活动，让老员工小唐带着郑月月一起策划。小唐很快确定了要推出社区团购营销活动，让郑月月负责策划具体活动。可郑月月犯了难，究竟应该选择哪些活动才能吸引客户呢？小唐为她提出了几点建议：对于新客户，可以设置新客优惠券，还可以借助短视频平台进行产品宣传；对于老客户，可以设置老带新优惠券等。如果你是郑月月，你还会选择哪些社区团购营销活动？

实训要求

1．针对新老客户设计社区团购营销活动。

2．收集客户信息并及时更新。

同步实测

一、单选题

1．新零售营销特点不包括（　　　）。

    A．渠道一体化　　B．数字化经营　　　C．打造智能门店　　D．商品更丰富

2．新零售营销模式不包括（　　　）。

    A．O2O 模式　　　B．社交电商　　　　C．平台电商　　　　D．全渠道营销

二、多选题

1．新零售营销的特点包括（　　　）。

    A．渠道一体化　　　　　　　　B．数字化经营

    C．打造智能门店　　　　　　　D．高效率购物

2．社区团购的缺点包括（　　　）。

    A．产品同质化严重　　　　　　B．消费者信息不完善

    C．获客成本低　　　　　　　　D．过于依赖团长

3．下面关于全渠道营销的优势说法正确的是（　　　）。

    A．帮助商家更好地了解消费者　　B．商家销售额得以提高

    C．帮助建立消费者忠诚度　　　　D．帮助商家节省资金

三、判断题

1．社区团购的优点主要包括运营成本低、获客成本低、运营模式易复制、裂变速度快等。（　　　）

2．网络分销可以分为"网络代销"和"网络批发"两种形式。（　　　）

3．要想进行全渠道营销，首先要对消费者有足够的了解，因此确定消费者画像是全渠道营销的第一步。（　　　）

四、简答题

1．简述常见的新零售的营销模式。

2．简述社区团购的营销策略。

3．简述砍价营销的流程和策略。

素质拓展

短视频"探店"求真实，新零售营销须谨慎

短视频"探店"通过线上平台将线下消费内容进行体验和分享，这种"先体验后消费"的新兴模式获得了众多消费者的青睐，也使得抖音、小红书等互联网平台借助其在线下开启了新一轮的市场抢占。

然而，行业的发展也带来了一定的隐患。一些博主会与商家洽谈合作报酬，将广告混进真实的内容中，忽视产品的真实情况，甚至对消费者进行虚假宣传。

对于这类扰乱市场秩序的行为，2023年5月1日，《互联网广告管理办法》正式开始实施。其中规定，通过体验分享等方式对商品或服务进行推广，并附加购物链接等购买方式的视频，发布者必须标注为"广告"。如果发布不实内容，不仅博主要面临作品下架、封号等处理，涉事商家也要承担夸大、虚假宣传的法律责任。

要解决"探店"乱象，不仅需要博主提升自身素质，摒弃"赚快钱"的短视思维；也需要新零售商家依据法律法规进行合法宣传，树立长远意识；更需要相关平台增强内容审核，对各类视频严格进行分类。多管齐下，共同治理市场乱序，让"探店"重新打上真诚分享的标签。

思考：

（1）新零售可以利用短视频实现怎样的营销方式？

（2）新零售商家在进行产品宣传时应该注意什么？

项目三

新零售交易管理

【学习目标】

➢ 熟悉商品采购的流程和注意事项

➢ 了解商品质检的流程和要点

➢ 熟悉不同门店布局方式

➢ 掌握商品陈列的原则和要点

➢ 掌握门店系统设置方法

➢ 熟悉商品信息发布流程与管理方法

➢ 具备实体门店商品陈列的能力

➢ 具备门店系统设置的能力

➢ 具备商品信息发布与管理的能力

➢ 具备商品盘点的能力

【素养目标】

➢ 具有诚实守信的职业道德

➢ 具有精益求精的工匠精神

➢ 具有责任意识和创新思维

视频自学

【思维导图】

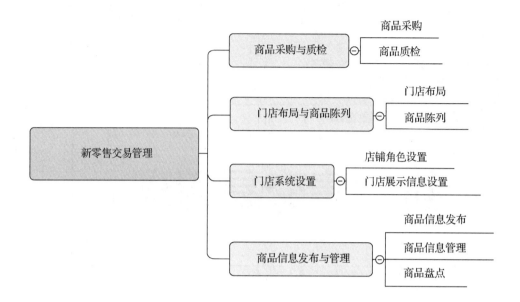

【案例导入】

优衣库商品六大陈列法则

店铺商品陈列是消费者进行商品挑选、比较、购买过程中最重要的影响因素之一，优衣库的商品陈列一般遵循以下六大法则。

1. 简约风格

走进优衣库，其给人的第一印象就是简约。优衣库强调简洁、清新、整洁的陈列方式。

2. 产品导向

优衣库时刻谨记，要将产品作为整个店铺的焦点，产品通常以整齐、有序的方式陈列，这是站在消费者的立场上，更便于消费者浏览和选购。

3. 多层次陈列

优衣库的店铺商品陈列通常注重采用多层次的展示方式，通过不同高度和深度的展示台、货架和挂钩，创造丰富的层次感。

4. 强调季节性和主题性

季节性是服装的一大重要特色。优衣库的店铺商品陈列，通常会根据季节和主题进行调整并展示相关产品。例如，在夏季会突出展示夏季款式的服装。

5. 实用性和便捷性

高性价比是优衣库服装的一大卖点，因此优衣库店铺商品陈列注重产品的实用性和便捷性，使消费者能够轻松找到并选购所需的商品。

6. 环保意识

优衣库店铺商品陈列注重环保意识，采用环保材料和可持续性理念设计。例如，优衣库在店内使用的陈列展示器具通常采用可重复使用、可回收的材料，以减少对环境的影响。

思考：

（1）优衣库的经营理念是什么？

（2）通过对六大陈列法则的学习，你认为对于店铺来说，什么样的商品陈列是最重要的？

3.1 商品采购与质检

线下门店是新零售运营中极其重要的一环，是企业的门面，很多消费者都是通过线下门店熟悉和认可新零售品牌，进而选择线上下单、门店配送等模式进行消费的。门店商品管理是门店日常运营的重要内容，只有高效有序的商品管理才能保障门店的正常运营。门店商品管理主要涉及的工作内容包括商品采购、商品质检等。

3.1.1 商品采购

门店商品采购涉及的流程虽然简单，但其作为门店运营的基础，需要新零售企业在门店运营的日常中进行重点关注。

1. 商品采购流程

根据各门店售卖的商品不同，其采购流程各有不同。总体来说，商品采购流程主要包括制订采购计划、制订采购计划表、获取报价单，以及修正、审核采购计划表并实施这四大步骤。

（1）制订采购计划

商品采购的第一步就是制订采购计划，该计划包括选择合适的供应商，保证品质的同时控制成本，提高采购的效率，缩短采购的周期等。如果有需要，则要进行调查问卷的制定，并进行市场调查，以充分了解商品的种类、价格、供应商、消费者喜好等。

（2）制订采购计划表

采购员要汇总需要采购的商品，并制订采购计划表进行申报、备份、经费申请和具体采购等事宜。

采购计划表各有不同，但一般包括采购的商品名称、规格型号、数量、单位等详细信息，如图3-1所示。

序号	商品名称	规格型号	数量	单位	供方名称	要求到货日期	付款方式	备注
01								
02								
03								
04								
05								
06								
07								
08								

编制/日期：　　　　　　　　　　　　　审批/日期：

图3-1 采购计划表示例

（3）获取报价单

在进行综合考虑并筛选出合适的供应商后，采购员应该尽快与供应商取得联系，索要报价单，然后根据供应商提供的报价单对采购计划进行进一步调整。

（4）修正、审核采购计划表并实施

采购员根据需要和实际情况，对采购计划表进行修改订正，并提交至企业负责审核的办公室进行审核、备份，在获得审批后尽快实施商品的采购流程。

2．采购注意事项

（1）采购员必须对采购业务足够熟悉，并了解商品的详细采购流程。

（2）企业对采购员的要求是以低价购买优质产品，并且保证不会因为采购导致企业出现资金紧张的现象。

（3）在进行采购时，采购员要对采购的商品做好盘点表并上报备份。若有损坏和丢失，必须记录在案，形成相应表格上报，以便校验、查对。

（4）在验收货物时，采购员要做好验收单据的校对和保存；保证商品的质量合格，数量一致；及时入库新采购的商品。

行业联动

家乐福的商品采购策略

连锁超市家乐福对自己的商品有独特的采购策略。家乐福的商品大致分三类：赚钱的、赚销量的和获得市场培育费用的，这三类商品所占比例分别是10%、40%、50%。对于家乐福的采购员来说，要保持耐心和韧性。在面对供应商时，家乐福一直告知员工要养成进攻型的态度。

1．对供应商第一次提出的条件，要么不接受，要么持反对意见

针对供应商提出的条件，采购员的正确反应应该是：什么？你是不是在开玩笑？从而使供应商产生一定的心理负担，并主动降低谈判的标准和期望。

2．告诉供应商：你需要做得更好

不断地给供应商重复灌输"你需要做得更好"的思想，直到供应商开始认为他们还要做得更好。

3．把事情拖到下一次解决

在谈判即将结束时，采购员要表示采购事宜的最终决定者是上级领导，这样做可以争取更多的时间，以考虑拒绝或终止方案。

课堂讨论：通过本连锁经营案例，你受到什么启发？

🔍 3.1.2 商品质检

商品的质量可以衡量商品的使用价值，一个企业想要获得源源不断的利润，首先要提高商品的质量。商品质量是获取市场信任的重要前提，对企业的发展具有十分重要的意义。因此，对商品进行质检是十分有必要的。

1. 商品质检的概念

顾名思义，商品质检指的是对商品的质量进行管理与检验。商品质量是企业生存的根本，只有保证了商品质量，企业才能够在市场的竞争中长期存在。同样，为了对消费者足够负责，只有经过严格质检的商品才可以被允许流入市场并进行销售。

一般来说，完成质检的商品会获得一份质检报告，该报告会详细地解析商品质检的相关情况。

每份质检报告都有自己的独特编号，同时可以看到商品的基本规格、生产者、抽样情况，以及检验项目、检验依据和检验结果，并在最后签有抽检相关人员的姓名，加盖质检公司的公章。

商品质检报告主要在以下几方面发挥作用。

（1）部门检查。工商部门和市场监督部门在对门店进行抽查时，会要求门店出具商品质检报告。

（2）入市条件。一件商品如果要在淘宝等各大网上商城或者实体商超进行售卖，首要条件就是有商品质检报告。

（3）招投标。政府、企事业单位在进行商品招投标的时候，也需要审查商品质检报告。

（4）申请政府补助。有一些特色类别的产品是能够获得政府补助的，门店在申请政府补助时一般需要提供商品质检报告。

2. 商品质检的流程

商品质检具有一定的流程要求，企业想对商品进行质检时，可以按照图 3-2 所示的流程进行。

图 3-2　商品质检流程图

（1）确定商品范围。基本上所有商品都可以归属某个范围，例如食品、药品、服装、化妆品等。

（2）送样检测。根据不同的需要选择不同的检测方式。例如，抽样试验、常规试验、型式试验、特殊试验等。

① 抽样试验：经常用于检测产品的性能和特性，抽样试验的标准多是根据生产者和企业的协商确定。

② 常规试验：也称为商品出厂检测，用来检测商品是否符合该类别商品的出厂要求，包括材料、加工质量、固有性能等方面的要求。

③ 型式试验：检测商品是否符合某一项技术规范规定，例如质量水平、重量、环境条件等。

④ 特殊试验：主要用于满足市场对商品的多样化需求。

（3）出具初始报告。由进行质检的机构出具初始的商品质检报告，并与送检企业核验报告中相关数据是否准确。

（4）出具正式报告。由质检机构出具的具有重要证明作用的正式商品质检报告，是质检的最终成果，一般有电子和纸质两种版本。

值得注意的是，在进行商品质检时，必须选择有质检资质的机构才有说服力，其出具的商品质检报告才能被认可。

3. 商品质检的要点

商品质检是销售商品时非常重要的一步，可以帮助消费者识别真品和假冒伪劣商品。这里主要介绍食品类商品、日用百货类商品、化妆品类商品的质检要点。

（1）食品类商品的质检

食品类商品的质检主要包括生鲜类和非生鲜类的质量检查，其质检要点如表3-1所示。

表3-1　食品类商品质检要点

序号	分类	包装检查	标志检查	感官检查
1	生鲜类	要求产品的包装是干净卫生、无毒害的，符合包装材料规定的要求；没有破损且无松散情况	根据产品的特性，应该标有产品名称、生产者及地址、配料表、生产日期、保存条件、包装规格、食用方法、保质期、检验合格证明等	从视觉、味觉、触觉等多个角度进行检查
2	非生鲜类	同生鲜类要求	有中文标明的产品名称、生产厂家、厂址及联系电话、生产日期、保质期或保存期、净含量、配料表（进口食品必须具有中文标志、标明原产地名及公司法人在我国依法登记的名称、地址、电话），还必须标明产品的国标、行标或企业的标准代号和顺序号、生产许可证编号、卫生许可证编号等	/

（2）日用百货类商品的质检

日用百货一般包括卫生类用品、合成洗涤剂、家居日杂用品等。其质检内容包括以下几个方面。

① 包装、外观检查。卫生类用品的包装封口应整齐牢固，纸张应细腻均匀，要求保持洁净，不会出现破损、硬质块等情况；合成洗涤剂的包装材料要采用塑料袋、玻璃瓶、硬塑料桶等用具，塑料袋的封口应牢固整齐，瓶、桶盖应与主体结合紧密、无泄漏情况，印刷的标志清晰美观、无脱色现象；家居日杂用品要保证做工精细，表面光滑洁净，产品尺寸及构造合理，产品结实耐用、安全可靠。

② 标志检查。应标明产品名称、产品类型、生产企业名称和地址、产品标准编号、净含量、产品主要成分、使用说明、生产日期和失效日期、产品用途、规格、卫生许可证编号、检验合格证明。

（3）化妆品类商品的质检

化妆品作用于人体表面，一般以涂抹等方式使用，起到保养、美容作用，根据使用类型，可分为护肤类、发用类、美容类、特殊功能类这四大类。其质检内容包括以下几个方面。

① 包装检查。化妆品的瓶身应该光滑完整，没有明显的裂痕、破碎等；软管装的化妆品封尾应牢固；纸袋、塑料袋、复合袋包装的化妆品封口要牢固。

② 标志检查。要有标签，标签上写清楚使用说明、生产日期和失效日期、产品名称、制造商名称和地址、生产许可证编号、卫生许可证编号和产品标准编号等信息。

③ 外观检查。对于一般化妆品，要求香气纯正，无异味；对于膏状或乳液状的化妆品，要求膏体细腻均匀，无分层沉淀、变稀、油水分离现象；针对液态的化妆品，要求有一定的流动性；针对香水，则要观察其清晰度等。

3.2　门店布局与商品陈列

门店布局与商品陈列是指通过一定的方法和技巧，利用道具将销售的商品或服务有规律地摆设、展示，刺激消费者购买，以提高销量的工作。良好的商品陈列是"沉默的推销员"，会令消费者感到赏心悦目，从而有效地吸引消费者的注意力和刺激消费者的购买欲望。

3.2.1　门店布局

对于实体门店来说，店铺的整体布局是最重要的，这是因为整体布局是消费者进入店铺后对店铺的"第一印象"。店铺的空间陈列做得好，是"静态销售"，非常容易获得消费者的好感，往往比靠员工推荐成交的效率还要高。在进行门店布局时，最重要的一点就是符合门店的店型，常见的店型包括窄深型、方型、横长型、纵长型、L 型。根据不同的店型打造不同的门店布局，会给消费者眼前一亮之感，从而有效吸引进店消费者产生消费欲望。

1. 窄深型店铺

这类店铺一般都很窄（大部分店铺宽度在 3.5m 以内，深度在 8m 以上），如图 3-3 所示。在布局时，要注意过窄的通道会给人局促感、压迫感，从而影响购物体验；后场由于太深入，容易使人产生抗拒心理而不想进入，从而变成死角区域。

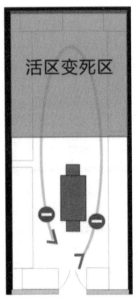

图 3-3　窄深型店铺示意图

这种店型的店铺布局建议如下。

（1）休息区和收银区一般设置在中后场，以引导消费者深入。

（2）天花板以简约设计为主，无须太多层次，也无须太繁杂的大吊灯做装饰，用浅色光面地砖或地板增大视觉空间即可。

（3）后场的灯光要更明亮，吸引消费者往深处走。

（4）建议去掉中岛货架，改成模特组合或狭长展桌。

2. 方型店铺

这种店型的店铺一般是方方正正的，如图 3-4 所示，以没有柱子阻挡为佳。但要注意的是，在方型店铺中，由于中间的位置较大，因此中岛的布局尤为重要。

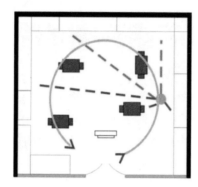

图 3-4　方型店铺示意图

这种店型的店铺布局建议如下。

（1）门口一般设置在中间或左边（若根据右行习惯设置在右边，则左边区域容易变成死角区域）。

（2）入口处适合放入矮货架、模特组合做间隔，注意控制整体布置的高度，不要阻挡视线。

（3）休息区一般设置在中间。

（4）店铺面积较大时，天花板可增加造型灯装饰。

3. 横长型店铺

这种店型的店铺很宽，但深度很浅，如图 3-5 所示。如果设计成以开放式的大橱窗为主，则容易给人一眼就看透的感觉。另外，中岛的设计不能阻挡消费者往左右两边行走，以免消费者只逛中岛区域。

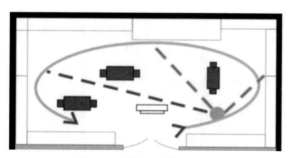

图 3-5　横长型店铺示意图

这种店型的店铺布局建议如下。

（1）门口一般设置在中间或采用多门设计，门两边可做橱窗，或者一边做橱窗另一边做墙面。

（2）收银区一般靠后墙设置，方便观察整个卖场。

（3）中岛展台或货架的布置以横放为主，竖放则注意控制长度，避免因过长而产生堵的感觉。

（4）在空间设计上，可间隔成一个个小空间，体现不同系列。

4. 纵长型店铺

这种店铺有适中的宽度和深度，是比较理想的店型，如图 3-6 所示。但需要注意，店铺中间位置仍旧有一定局限，中岛数量不宜过多，以避免显得通道拥挤。

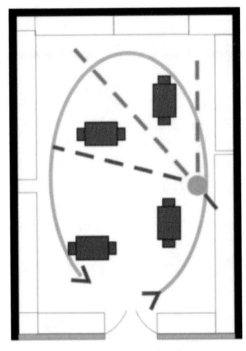

图 3-6　纵长型店铺示意图

这种店型的店铺布局建议如下。

（1）门口一般设置在中间或左边（根据右行习惯，右边区域基本为主销区，此时将门口设置在左边，可引导消费者往左边行走）。

（2）橱窗后位置可增加一组短的货架。

（3）入口处适合加入流水台。

（4）大的中岛展台或货架适合竖放，若使用陈列道具组合则适合横放，更有层次感。

5. L 型店铺

这种店铺呈"L"形状，如果空间布局设计不当，则容易出现死角区域；收银区难以规划位置，视觉盲区较多，管理难度相对较大。图 3-7 所示为 L 型店铺示意图。

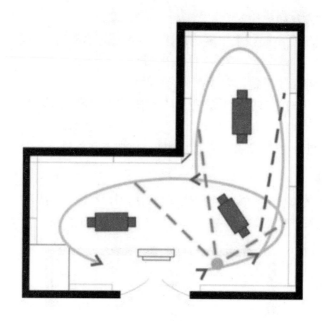

图 3-7 L 型店铺示意图

这种店型的店铺布局建议如下。

（1）门口一般设置在中间位置（无论偏向哪边，都容易使另一边变成死角区域）。

（2）入口处适合加入流水台。

（3）"L"型两边区域面积都较大时，适合一边设置一个休息区，主休息区设置在店铺中后场位置。

（4）中岛通常围绕店铺中间最宽广区域摆放；主要控制中岛展台或货架的数量和高度，保持视觉的通透性。

3.2.2 商品陈列

商品陈列对商品销售以及店铺的经营起着至关重要的作用，良好的商品陈列不仅能够给消费者留下经营有方、认真待客的印象，还能吸引和留住消费者，营造卖场氛围，刺激消费者购买欲望，增加门店销售业绩。

1. 陈列原则

做好店铺商品陈列的主要目的是吸引消费者进行消费，因此在进行陈列时要站在消费者的立场上。常用的陈列原则包括以下几种。

（1）一目了然。商品应该将促销面、中文标志面向通道，同一商品方向需保持一致，商品排列整齐更容易引起消费者的注意。各种商品应该不相互遮挡，体积较小的商品陈列在货架的中上层。有效利用商品的形状、色彩陈列，做到标签位置统一、标价醒目。

（2）陈列丰满。商品陈列要丰满，不要过于稀疏。琳琅满目的商品会吸引更多消费者，并且让整个店铺看起来更加热闹。

（3）先进先出。商品陈列要遵循先进先出的原则，特别是有明确保质期的商品，如食品、饮料等。先到货的商品先陈列出来，这样既能够保证商品的新鲜度，也能让消费者更好地选择到优质产品。

（4）关联陈列。对于有关联的、适合搭配进行售卖的商品，可以陈列在一起。例如，在超市摆放方便面的货架周围可以陈列火腿肠、啤酒等，这样能够方便消费者进行搭配购买，也能增加店铺的销售量。

（5）合理分配。在整个店铺中，要合理分配商品占据的空间，不要把同一个商品过多地陈列在一个区域，要给其他商品留下足够的空间，同时也要注意整体布局的美观和实用。

2. 陈列要点

在进行商品陈列时，要根据商品的特性进行陈列，注意可获利性、陈列点、吸引力、价格和稳定性等要点。

（1）具有可获利性。在进行商品陈列时，要考虑的原则是能够帮助提高店铺的销量，要注意店铺中过去的销售记录，发现能增加销量的特定的陈列方式和陈列物，适时告诉供应商商品的陈列对获利的帮助，将优质商品放在最好销售的陈列位置，采用先进先出的原则，从而减少退货的可能性。

（2）找准陈列点。根据商店的不同类型，陈列点也会略有不同。对于传统型商店，常见的陈列点是指柜台后面与视线等高的货架位置、磅秤旁、收银机旁、柜台前等。而对于超市或平价商店，与视线等高的货架位置、消费者出入集中处、货架的中心位置等均是理想的陈列点。

准备促销时，要注意争取下列较好的陈列点：商店人流最多的走道中央、货架两端的上面、墙壁货架的转角处、收银台旁。不好的陈列点包括仓库出口处、黑暗的角落、店门口两侧的死角区域、气味强烈的商品旁，要注意尽量避免将商品放置在这些陈列点。

（3）增强吸引力。要充分将现有商品集中堆放以凸显气势，并贴上价格标签。在完成陈列工作后，可以故意拿掉几件商品，一来方便消费者取货，二来造成商品销售良好的迹象。运用整堆不规则的陈列法，既可以节省陈列时间，也可以产生特价优惠的意味。陈列时将本企业商品与其他品牌的商品明显区分开，配合空间陈列，充分利用广告宣传品吸引消费者的注意。

（4）明确价格。商品的价格要标清楚，价格标签必须放在醒目的位置，数字的大小也会影响商品对消费者的吸引力，直接写出特价的数字比告诉消费者折扣数更有吸引力。

（5）保持稳定性。商品陈列在于帮助销售而不是进行"特技表演"。在做"堆码展示"时，既要考虑位置的吸引力，也要考虑堆放的稳定性。在做"箱式堆码"展示时，应把打开的箱子摆放在一个平稳的位置上，从最上层开始更换空箱，以确保安全。

行业联动

你所不知道的 MUJI 陈列美学

MUJI 的陈列十分美观，它一直没有代言人，也没有繁复的颜色与样式，甚至在最初连 Logo 都没有，但业绩却一飞冲天。

MUJI 的陈列被很多业内人士所称赞。首先是在店铺的入口区域，摆放了高度为50～60cm 的高低展桌，以叠装的形式陈列当季最适销的商品，如图3-8 所示。其次，MUJI 会根据周边商圈情况进行店内商品陈列的调整。如果主要消费群体为女性，便会在店铺入口处摆放女装及美容护肤产品；若商圈附近拥有儿童娱乐设施，文具类商品的陈列则会更显眼。然后，服装服饰和家居用品会以组合搭配的方式出现在橱窗之中。最后，MUJI 注重生活化陈列，提出要让消费者不仅把 MUJI 当成一个售卖场所，还寄存着逛店人的梦想，这样的店铺充满了温暖。图3-9 所示为 MUJI 在店铺中打造的手工角落。

图3-8　MUJI 店铺入口　　　　　　图3-9　MUJI 店铺手工角落

课堂讨论：请谈谈你从 MUJI 的陈列案例中学习到的陈列技巧。

3.3　门店系统设置

新零售通过网上商城、小程序，以及其他应用程序相结合形成网店，同时与线下实体门店和现代物流进行深度整合，最终形成新的销售模式。

3.3.1　店铺角色设置

在新零售线上系统运营过程中，有时会需要多部门、多人员的协作，有时则需要给不同的员工开启不同的权限，如添加商品、处理订单由专门的人员（如管理员）分工进行。在这种时候，就要在后台进行人员角色的重新设定，并为各种类型的人员选定角色权限，以便在日常运营中进行网店的人员管理。图3-10 所示为在平台后台对店铺人员进行角色管理的界面。

一般来说，一个网店的运营需要有各种不同类型的人员参与。只有这些人员各司其职，才可以保障店铺正常运营。常见的网店人员角色包括运营人员、客服人员、美工人员、仓库人员等。

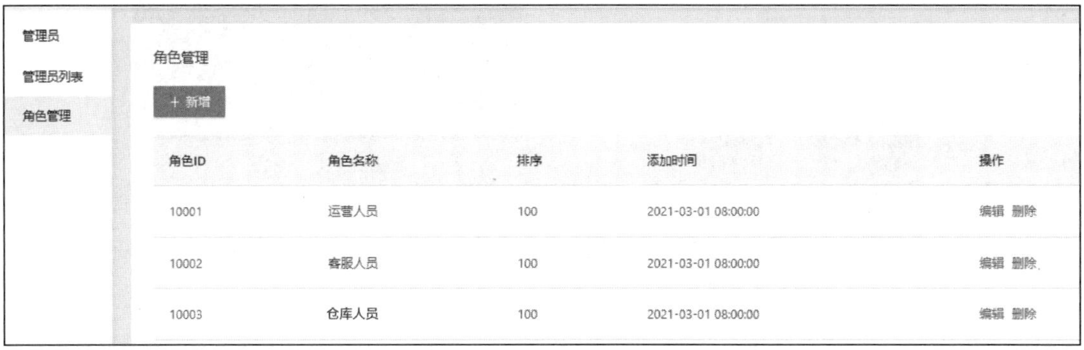

图 3-10　店铺人员角色管理

1. 运营人员

运营人员是店铺最为核心的人员角色之一，主要负责店铺整体的规划和维护，进行店铺的策划、商品上架、推广、销售，以及联系售后服务等工作。另外，运营人员还需要及时收集市场信息进行数据分析，以做出正确的、有利于店铺发展的决策，确保店铺的良性发展。

2. 客服人员

客服人员是维系顾客和店铺联系的重要桥梁，其工作内容主要包括接待顾客咨询、处理订单问题、解答产品疑问，以及提供优质的售后服务。他们需要通过多种渠道（如线上平台、实体店等）与顾客进行沟通、收集顾客反馈、助力企业不断优化产品和服务，以满足市场需求，提升品牌影响力。

3. 美工人员

美工人员主要负责店铺视觉效果的呈现和维护，需要配合促销活动设计店铺页面，以此增加店铺的美观度，从而提升访客的访问深度。部分美工人员同时兼职店铺的摄影，拍摄店铺需要的图片和视频素材。

4. 仓库人员

仓库人员主要负责货物的入库、发货、物流核对等工作，一般要对配货员移交的商品和订单再次进行最终核对，包括快递公司、地址、电话、商品货号、颜色、尺码、礼品等信息。对以上信息确认无误后，才开始打包出库。打包完成后，根据快递公司不同将商品进行分类，并通知快递公司取货。

3.3.2　门店展示信息设置

随着市场竞争的日益激烈，开设新门店成为企业拓展市场的重要战略之一。然而，新门店需要做好各项筹备工作，才能确保顺利开业并取得成功。图 3-11 所示为饿了么平台上"全家"的店铺搜索结果及店铺简介。门店运营人员可以通过后台快速完成店铺设置，如图 3-12 所示。

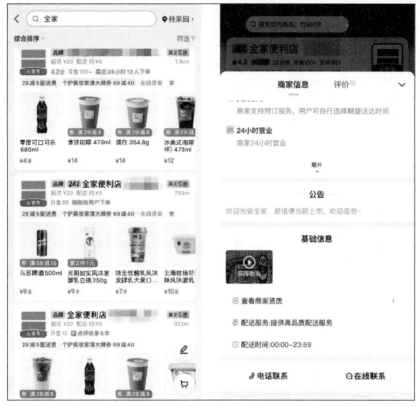

图3-11　饿了么平台上"全家"的店铺搜索结果及店铺简介

图3-12　店铺设置

在开店前，要做好准备工作，这样在正式开店的时候才不会手忙脚乱。一般来说，准备工作包括店铺取名、准备店铺 Logo、设计店铺简介。

1. 店铺取名

一个寓意深远且又耐人寻味的店铺名字往往能够给人深刻的印象，但是要取一个这样的好名字并不是一件容易的事情。在进行店铺取名时，要加深消费者的记忆点，给人耳目一新之感。店铺取名一般要遵循六大技巧，具体如表 3-2 所示。

表 3-2　店铺取名六大技巧

序号	技巧	解释
1	简	名称要简洁明了，以便消费者快速识别和记忆；而且店铺名称越短，越容易具有神秘感，含义也更丰富，以引起消费者的遐想，从而进店逛逛
2	亮	名称要响亮，朗朗上口，尽量不要使用生僻字、难发音的和音韵不好的字，否则会导致消费者体验感很差
3	新	名称要有新鲜感，符合时代潮流，创造新概念。例如，可以结合近期的一些热点或形近字、音译等，这样能让店名更新颖
4	准	名称要和店铺的市场定位、主营商品、服务宗旨、经营目标等相协调，这样有助于塑造良好的店铺形象，带来更多店铺精准人群，以促进转化
5	独	名称应具备独特的个性，现在店名同质化是非常严重的，如果店内商品没有独特优势，那么店名一定要力戒雷同。先在平台搜索重复的名字多不多，避免与其他店铺混淆
6	高	名称要有气魄、起点高，具备冲击力和浓厚的感情色彩，这样不但能提升店铺的层次，也能使品牌更具竞争力

2. 准备店铺 Logo

店铺 Logo 对店铺来说十分重要，它会影响消费者对该店铺的印象。一般来说，在 Logo 设计之前，应该先确认平台关于店铺 Logo 的制作要求，重点关注格式要求（如 GIF、JPG、JPEG、PNG 等）、文件大小、平台禁止使用要素等。除了基础要求之外，在进行店铺 Logo 设计时，也应该注意以下几点原则。

（1）简洁明了。消费者在网上购物时，并不会对每个店铺都进行细致查看，一般都是一扫而过。因此，店铺 Logo 的设计应简洁明了，避免使用过多的图案和文字，应让消费者一眼就记住店铺。图 3-13 所示为 1 点点奶茶的店铺 Logo，图片采用绿色底色，文字就是简单的店名"1 点点"，十分明了。

图 3-13　1 点点奶茶的店铺 Logo

（2）独特性。Logo 应具有独特性，要与自己经营的内容相结合，以表现店铺的商品风格和品牌特色，与其他竞争对手区分开来，帮助消费者轻松辨认和记忆品牌。图 3-14 所示为瑞幸咖啡店铺 Logo，主体图案是一只仰角的可爱小鹿，颜色选择以蓝白为主，具有自身独特性。消费者只要看到这个 Logo，就能立即想起瑞幸咖啡。

图 3-14　瑞幸咖啡店铺 Logo

（3）色彩搭配。色彩搭配应该符合店铺的定位和特色，给消费者传达正确的情感和信息。图 3-15 所示为巴比馒头店铺 Logo，图案采用橙色，文字是简单的"巴比 bab！"，在明亮显眼的同时，也与线下实体店铺的 Logo 保持一致，很容易唤起消费者的记忆，促成下单。

图 3-15　巴比馒头店铺 Logo

3. 设计店铺简介

店铺简介的核心是用简单的文字精准定位店铺品牌，因此要在简介的开头尽量用一句话总结店铺的定位，再展开介绍店铺的特征、优势。一般来说，常见的店铺简介分为传统型、简洁型和促销型，具体内容如表 3-3 所示。

表 3-3　常见的店铺简介类型

序号	类型	适用店铺	适用性	示例
1	传统型	品牌店、代理店	适合产品单一的店铺，直接在简介中突出产品优势	小店出生于×年×月，主要提供××产品，价格低、质量优，欢迎进店选购
2	简洁型	新店	风格简洁明了，适用于没有写作功底的人	欢迎光临本店,本店新开张,诚信经营,经营时间为 8:00—17:00
3	促销型	促销网店	适合产品价格波动大、经常打折的网店，如女装店	全店产品，满××包邮，亏本大促销

3.4 商品信息发布与管理

线上的消费者主要通过线上门店发布的商品信息了解商品，因此线上门店的商品信息发布与管理显得尤为重要。

3.4.1 商品信息发布

商品信息是指能够被消费者接收，并满足其某种特殊需要，有关商品及其生产、流通或消费的消息、数据或知识等的总称。而新零售与一般电商有所区别，为了给消费者带来便利，减少消费者选择的时间，其商品信息发布往往会更简洁，并突出重点信息。运营者可以通过后台直接添加商品信息，如图 3-16 所示。

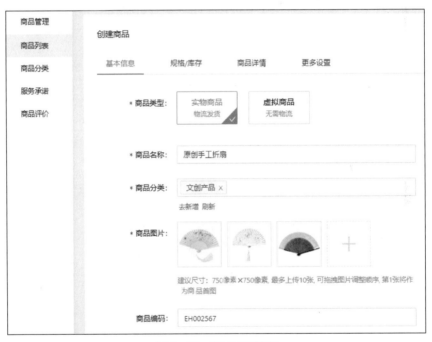

图 3-16　添加商品信息

一般来说，新零售商品信息包括基本信息、规格及其他信息两大类。

1. 基本信息

这部分信息主要是让消费者清晰了解商品本身所具有的部分信息，一般包括商品类型、商品名称、商品分类、商品图片、商品编码等内容。在进行商品信息发布时，要求商品类型勾选要准确，商品名称清晰正确，商品图片一般为 750 像素×750 像素，一般使用白底图。图 3-17 所示为美团上东方树叶商品主页面，商品白底清晰，主体突出，页面下方包括该商品的价格、名称等一些基本信息。

图 3-17　商品主页图

2．规格及其他信息

这部分信息的目的是给消费者进一步选择商品提供一些参考信息，一般包括商品的售卖单位（箱、瓶、件等）、商品重量、储存条件、购买使用规则等。图 3-18 所示为东方树叶商品详情页面，包含商品的保质期、净含量等信息。

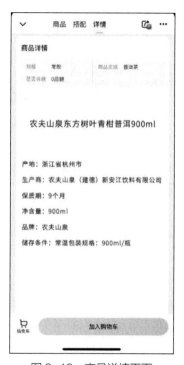

图 3-18　商品详情页面

3.4.2　商品信息管理

随着电商市场的扩大和发展，商品信息管理变成一项十分重要的工作。商品信息管理的好坏会直接影响企业的形象、销量和利润等多个方面。

1. 建立信息库

一个良好的信息库对企业的成功有不可忽视的作用。企业在建立信息库的时候，要注意以下几个方面。首先是信息库的完整性，信息库要收纳商品的所有信息，如名称、颜色、规格、价格、库存、物流等。其次，每个商品都是独一无二的，因此要避免重复输入商品信息或者输入错误商品信息。最后，除了基础信息外，企业还可以根据需要补充一些商品详细描述和图片信息。

2. 信息规范化

为了不让商品信息管理变得混乱，进而导致难以管理，企业要将商品信息尽量规范化。商品信息规范化可以使商品的信息详尽和真实，并确保信息的一致性和准确性。企业可以为每个商品预先设置好分类，做好分类管理，并确认商品名称、颜色、尺寸、价格及其他相关信息。同时，建立一套严格的规范标准进行数据输入，包括格式、字体、符号、单位等，以保证数据的完整性和格式的统一性。

3. 动态更新

商品信息的更新是必要的，特别是价格、库存和商品描述的更新。企业应该保持及时更新数据，避免卖出已经无库存的商品或者把过期或质量有问题的商品上架。销售数据的动态更新，则可以让企业快速了解销售情况并制定有效的策略，从而提升销售效果。

行业联动

京东零售类目

京东零售类目繁多，包括服饰、鞋包、数码家电、美妆日化、食品保健、家居生活等领域，这些类目下的商品琳琅满目，足够满足消费者的需求。表 3-4 所示为常见的京东零售类目。

表3-4　常见的京东零售类目

序号	类目名称	内容	合作品牌
1	服饰	包括男装、女装、童装、运动装、户外装等多种商品	如耐克、阿迪达斯、太平鸟、优衣库等
2	鞋包	包括皮鞋、运动鞋、靴子、箱包等多种商品	如耐克、阿迪达斯、新秀丽、万里马等
3	数码家电	包括手机、计算机、数码相机、家电等多种商品	如苹果、华为、小米、索尼、松下等

续表

序号	类目名称	内容	合作品牌
4	美妆日化	包括化妆品、护肤品、洗护用品等多种商品	如兰蔻、雅诗兰黛、欧莱雅、资生堂等
5	食品保健	包括食品、保健品、母婴用品等多种商品	如雀巢、蒙牛、伊利、金龙鱼等
6	家居生活	包括家具、家居用品、厨房用品等多种商品	如宜家、欧派、慕思、九阳等

课堂讨论：天猫、淘宝等的零售类目有哪些？

3.4.3　商品盘点

商品盘点是门店运营的日常工作之一，门店进行商品盘点主要是为了真实反映库存量、更新商品项目、了解利润和营业业绩，是门店日常经营中不可忽视的大事。

1. 商品盘点要求

（1）盘点在全天营业结束之后进行，盘点期间不开展收货、退货和调拨业务。

（2）盘点前，查看商品库存情况，这项工作十分重要。

（3）盘点过程中若发现错误，应把原数字划掉，不可直接修改。

（4）盘点时，点数人员要音量适中，吐字清晰，强调商品单位，如2个、3条、4套、5张、7罐等。念商品名称时，要按规范（品牌+主题词+规格或货号）念。

（5）盘点时以商品的销售单位进行点数（如整件和单个商品均销售的以单个商品为计数单位）。

（6）盘点人员应认真细致，特别要注意对不易清点、单价高、数量多、日期模糊的商品的盘点。

（7）如果遇到问题要立即询问，遇到过期、变质、损坏的商品要放入待处理品筐。

（8）活动或者退换货商品要集中处理，并逐一在盘点表上进行登记。

2. 商品盘点流程

商品盘点工作量大，对门店运营起着不可忽视的作用。为防止盘点出错，每一步都必须严格按照要求进行。一般来说，商品盘点要经过盘点准备、商品准备、人员分工、具体操作、后续工作、补救措施六个环节，如图3-19所示。

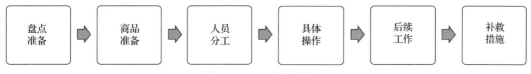

图3-19　商品盘点流程

（1）盘点准备：制订盘点计划，安排盘点人员与所需工具，处理相关业务单据，制订盘点表格等。

（2）商品准备：盘点前必须将标签与商品规格、数量、价格一一核对。

（3）人员分工：一般两人一组进行盘点工作，一人点数、一人填表，协同完成。

（4）盘点点数具体操作流程如表 3-5 所示。

表 3-5 盘点点数具体操作流程

盘点点数流程	具体工作内容
初盘	第一次点数，商品和数量填写在初盘表上
复盘	工作人员交叉再一次盘点，将复盘商品和数量填写在复盘表上
比较	比较初盘表和复盘表，采用重新点数的方式修正差异
抽查	抽查人员随机抽取 20% 的商品进行复查

（5）后续工作：盘点完成后，由录入人员将相关信息录入系统，同时要注意盘点单均已签名，并且要收回全部的盘点单，单独保存。

（6）补救措施：若发现盘点错误，应立即通知负责人员进行纠正。

项目小结

本项目分四个部分向读者讲述新零售交易管理。第一部分重点讲解了门店商品的采购和商品的质检；第二部分向读者介绍了门店布局和商品陈列，包括不同店型的门店布局要点和商品陈列原则、要点；第三部分重点讲述了门店系统设置，包括店铺角色设置和门店展示信息设置；第四部分则主要介绍商品信息发布与管理。

实训演练

实训背景

赵明是一名大四学生，在一家服装企业的电商部实习。临近"6·18"大促，该企业准备配合平台开展一些促销活动，因此要全面进行商品的重新上下架。组长将这个任务交给了赵明，要求他在 3 天内完成店铺 200 条商品的促销信息更新、促销商品图片更换。赵明完全不知道如何着手，随即找到了负责运营的同事，向他讨教如何快速进行商品更新。同事告诉他，应该先对商品的信息进行整理分类，这样可以事半功倍。如果你是赵明，请问你会从哪些方面对这些商品进行分类？

实训要求

1. 建立商品信息库，梳理商品的信息、图片，建立文件夹，按照序号分门别类整理好商品信息、图片。

2. 规范商品信息，按照序号逐个完成商品的信息更新、图片更换。

同步实测

一、单选题

1. 商品的采购流程不包括（　　）。
   A．制订采购计划　　B．制订采购计划表　C．获取报价单　　　D．商议价格
2. 商品信息组成包括（　　）。
   ①基本信息　②商品简介　③规格及其他信息　④生产商家
   A．①②　　　　　　B．①③　　　　　　C．②③　　　　　　D．③④
3. （　　）不能有效管理电商中的商品信息。
   A．建立信息库　　　B．经常核对　　　　C．信息规范化　　　D．动态更新

二、多选题

1. 商品质检的流程包括（　　）。
   A．确定商品范围　B．送样检测　　　　C．出具初始报告　　D．出具正式报告
2. 在进行门店布局时，最重要的一点就是要符合门店的店型，常见的店型包括（　　）。
   A．窄深型　　　　　B．梯型　　　　　　C．L型　　　　　　D．方型
3. 常见的网店人员角色一般包括（　　）。
   A．运营人员　　　　B．客服人员　　　　C．美工人员　　　　D．仓库人员

三、判断题

1. 商品质检指的是商品质量管理与检验。（　　）
2. 化妆品可分为护肤类、发用类、美容类三类。（　　）
3. 一般来说，开店前准备工作包括店铺取名、准备店铺Logo、设计店铺简介。（　　）

四、简答题

1. 简述商品质检的作用。
2. 简述横长型店铺的布局建议。
3. 简述店铺Logo的设计原则。

素质拓展

新零售新挑战，企业如何合规运营

新零售模式凭借数字化系统和门店数据分析等功能，逐渐被小米、优衣库等众多企业采用，但其快速发展也产生了相应的法律问题。新零售行业在新店拓展过程中涉及"冻结资金""虚假宣传""社交电商涉传触雷"等法律问题的情况较为突出，受到了社会重点关注。

新零售企业之间竞争越发激烈，如何获得更多的客流量，拥有更多的回头客，是企业之间

竞争的焦点。有些企业重点营销客户群体，利用数据分析功能把握客户需求，推出定制产品；有的企业则采用独有的宣传模式，例如"拼多多，拼着买，才便宜"，吸引客户的购买；但是还有一部分企业打出了"消费即投资"的口号，名义上在销售产品，实际上是行骗敛财，严重危害市场秩序。例如，某些平台承诺客户消费后获得积分可以兑换平台内商品，而这些商品的价格远远超越其真实价值，甚至有的商家会以赠送积分的借口不兑换商品。

上述这种经营模式已经脱离了市场的运作规则，甚至可能有非法集资的嫌疑。按照相关法律规定，不销售真实商品、不提供真实服务的行为符合非法性、公开性、利诱性、社会性的特征，以非法吸收公众存款罪定罪处理。

因此，新零售企业在店铺开设与运营时，应当厘清宣传和传销的边界，谨慎规划销售规则，避免涉及法律风险。

思考：

你认为创业者在加盟开设新零售门店时，有哪些需要注意的法律问题？

项目四

新零售客户服务

【学习目标】
➤ 熟悉客户服务的基本理念
➤ 熟悉新零售线上客户服务的工作内容
➤ 掌握新零售线上客户服务的工作流程
➤ 掌握新零售门店客服工作内容及流程
➤ 具备新零售线上客服日常管理的能力
➤ 具备新零售门店客服日常管理的能力
➤ 具备使用客户服务新技术的能力

【素养目标】
➤ 具有客户至上服务意识
➤ 具有抗压能力与情绪管理能力

视频自学

【思维导图】

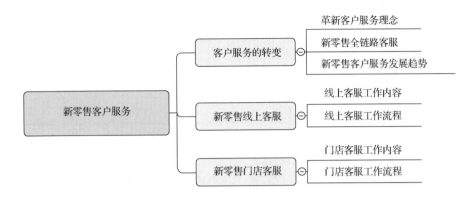

【案例导入】

海底捞的服务理念

海底捞始终秉承"服务至上、顾客至上"的理念，以创新为核心，改变传统的标准化、单一化的服务，提倡个性化的特色服务，将用心服务作为基本理念，致力于为顾客提供"贴心、温心、舒心"的服务。在管理上，海底捞倡导双手改变命运的价值观，为员工创建公平公正的工作环境，实施人性化和亲情化的管理模式，提升员工价值。

1. 海底捞使命

通过精心挑选的产品和创新的服务，创造欢乐火锅时光，向世界各国的美食爱好者传递健康火锅饮食文化。

2. 海底捞价值观

总体来说，海底捞价值观包括一个中心和两个重点。一个中心是指用双手改变命运；两个重点则是以顾客为中心，以"勤奋者"为本。

3. 海底捞员工品质

作为海底捞的员工，海底捞要求其具有诚信、创新、谦虚、勤奋、激情、与人为善、有责任感等美好品质。

思考：

请和同学讨论一下，海底捞为什么会因为服务而成功？

4.1　客户服务的转变

客户服务就是日常生活中经常提及的客服工作，设置客服的目的是体现一种以客户满意为导向的价值观。广义来说，能提高客户满意度的任何活动都属于客户服务的内容范围。

4.1.1 革新客户服务理念

在现代市场经济中，客户需求是企业发展的重要驱动力。企业如果想提升自身竞争力和市场占有份额，必须将视线集中在客户需求上，通过不断地优化产品和服务，以满足客户的期望和要求。为了能更好地做好客户服务，企业的首要任务是摸清客户的需求，并予以满足。

1. 客户需求的提升

从纵向来看，同一个客户在不同的阶段，其需求是不断变动的。企业想要更好地了解客户的需求，首先要知道在不同的阶段，客户需求主要有哪些。客户的需求可以参考著名的心理学理论——马斯洛需求层次理论。根据马斯洛的分析，人类需求是从低往高逐级提升的，只有满足了低级需求，才会追求更高层次的需求。一般来说，五个需求层次分别是生理需求、安全需求、归属需求、尊重需求和自我实现需求，如图 4-1 所示。

图 4-1　马斯洛需求层次理论

从横向来看，人类的需求也是随着周边环境的发展而发生改变的。随着社会的发展，人类经历了不同的社会经济时代。在每个时代，客户需求均有所不同。表 4-1 所示为不同经济时代客户需求的变化情况。

表 4-1　不同经济时代客户需求的变化情况

经济时代	时代特色	客户主要需求
产品经济时代	供给农产品，从而满足生理需求的年代，产品供不应求是主要时代特征	获得足够的农产品
商品经济时代	供给工业产品，从而满足生理和安全等低层次需求的年代	商品质量和技术含量等
服务经济时代	商品经济繁荣，客户开始关注服务的品质，以满足他们对社会地位、友情、自尊、态度的追求	高品质的服务
体验经济时代	简单的产品和服务已经无法满足客户需求，客户追求更加个性化、人性化的消费	实现自我价值

具体而言，在体验经济时代，随着社会生产力水平的提高，客户收入不断增加，很大一部分客户的需求到了"自我实现"层次。除了基本的服务需求之外，他们会更多地追求精神享受和个人发展，主要表现在以下几个方面。

（1）基本服务需求

服务需求贯穿于服务经济时代和体验经济时代，而在体验经济时代，良好的服务是客户的基本需求。客户在购买商品时，更关注商品的各类服务，包括购买时候的导购服务，购买完成之后的售后服务，例如商品送货上门、安装、调试、使用指导及故障维修、退换货等。

（2）主动服务

预估客户需求，实现主动服务是未来企业服务品质的重要评价标准。在当前物联网环境下，基于各类大数据的收集和分析、客户标签和画像的构建，主动服务变得切实可行，逐步成为企业竞争中势在必行的环节。常见的主动服务有几种形式：企业在客户发现问题之前主动解决即将出现的问题；企业在客户意识到需求时已经准备好一切；企业主动提醒、告知与关怀客户等。这些主动服务都是企业赢得客户信赖与支持的重要手段。

例如，亚马逊根据客户的购买和浏览情况分析与推测出客户大致会下单的时间以及商品种类，提前将商品配送到离客户较近的站点，等客户下单的时候便可以快速送到客户手中。

（3）体验需求

在体验经济时代，客户购买商品时已经不是单纯地、被动地接受企业的广告宣传，大部分客户会选择先对产品做一番"体验"，甚至参与商品或者服务的规划、设计、方案确定等环节，"体验"创意、设计、决策等过程。这种模式在家装、家居、服饰和其他服务行业有较为明显的体现，也是当前较受客户追捧的一种方式。

（4）个性化

在个性化时代，提供个性化服务已经是企业必然的发展趋势，也是企业在竞争中取胜的重要一环。某营销顾问说过："客户的消费行为已由'目的消费'转为'手段消费'，只有做到风格化、个性化，才能获得客户的心理认同。"个性化需求是当前经济环境下客户的重要追求之一，很多千篇一律的模板式服务已经无法满足大部分客户的需求。企业应根据客户的需求，收集、整理和分析客户各项数据，并向其提供各种个性化的服务方案，以满足其特有的需求。这对企业的实际运营来说是一大挑战，需要企业不断增强生产和创新能力，以适应市场竞争。

（5）效率

"快节奏，重效率"是现代都市生活的代名词，大部分客户在接受服务的过程中都十分注重效率。效率在一定程度上体现了一个企业的运营机制和服务水平，也极大地影响着客户的体验感。高效率地处理问题和提供服务，可以较好地提升客户对企业的好感度和信任度，从而提升企业竞争力。可以说，快速且有效率的服务体现在市场交易和运行的每个环节。在交易前，快速有效地向客户介绍商品和服务的核心竞争力，以增强客户对商品和服务的了解；在交易中，快速完成各项交易手续的办理；在交易后，及时有效地解决各类售后问题，解决客户后顾之忧。

2. 客户服务理念的转变

随着人们收入水平的增高，消费逐步升级，推动着客户对服务提出更高的要求，客户服务并不仅限于解决一些"退货流程"与"物流怎么还没有到"的简单问题，在技术革新的驱动下，客户服务势必会升级与转型，创造更大价值。客户服务的演进发展路径主要经历了交易级服务、口碑级服务、价值级服务和生态级服务4个阶段，如图4-2所示。

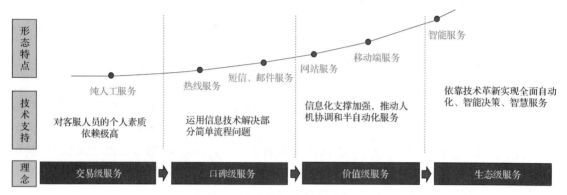

图4-2　客户服务的演进发展路径

（1）交易级服务。交易级服务中，客户服务作为产品销售的附属，提供服务的目的是促成交易。由客服人员提供客户服务，十分依赖其个人素质。

（2）口碑级服务。口碑级服务中，客户服务是产品增值的因素。这类服务已经开始使用一些简单的信息化设备（如短信、电话、邮件等），会运用信息技术解决简单的流程问题。这类服务的目的不单是完成交易，更是做优店铺口碑，增加店铺的回头客。

（3）价值级服务。价值级服务服务于产品营销组合。这类服务中增加了线上服务的比重，注重线上线下同时布局，线上移动端触点作为发力重点，信息化支撑加强，推动人机协同和半自动化服务，逐渐从对人工的依赖转变为对技术的依赖。

（4）生态级服务。生态级服务致力于打破边界，形成良好的客户服务生态。这类服务依靠技术革新实现全面自动化，追求智能决策和智慧服务，触点多元化且协同运营，会基于销售场景进行适配。

4.1.2　新零售全链路客服

随着时代的变革，客户的需求、行为路径和触点都发生了不同程度的变化。为了更好地服务客户、提高商家利润，要根据实际情况打造新零售全链路客服。

1. 新零售全链路客服含义

从零售全链路来看，客户服务分为售前、售中、售后，贯穿零售客户的生命周期，从获客引流、售前咨询，到下单付款、物流退换，再到确认收货及售后反馈等多个环节。客户在不同阶段诉求是不同的，因此客户服务在不同阶段的策略和目的也会有差异。对于企业来说，最终的目的是增购、促活，通过客户服务最大化地提升企业价值及收益。各服务阶段的内容和价值如表4-2所示。

表 4-2　各服务阶段的内容和价值

服务阶段	内容	价值
售前	零售企业向潜在客户提供的服务。售前服务是主动的、积极的，建立良好的印象，高效、快速地传递准确的零售商品信息，精准进行商品推荐，预测客户潜在需求，及时调整经营策略，满足客户诉求	了解与创造客户需求、刺激客户购买欲望、提供情报、推荐商品、获得商机
售中	零售企业根据售前获得的信息，帮助客户找到商品与需求的最大共同价值点，表现对客户的帮助、关心，快速准确地解答客户问题，精准匹配客户需求，从而促进客户购买决策	产品宣传、解决客户问题、匹配客户需求、增强客户购买决策
售后	符合"最后一公里"策略价值观，在客户产生购买行为后，零售企业通过一系列的服务提高客户满意度，解决客户使用商品时的问题。它既是商品价值的延伸，也是对客户感情的延伸。同时，通过售后服务进行品牌营销，提高客户忠诚度，转化回头客，为下一次商机做准备，形成端到端服务闭环	提高客户的满意程度和忠诚度、延伸商品价值与拓展下一次商机

图 4-3 所示为新零售全链路无缝客户服务示意图，在整个新零售的过程中，只要客户与商家产生接触，就会有客户服务的体现，包括销售、营销、培训、情感满足、服务等。对于商家来说，要充分了解全链路各阶段的内容和价值，有针对性地为客户提供服务，以促成客户下单购买，提高企业的转化率和收益。

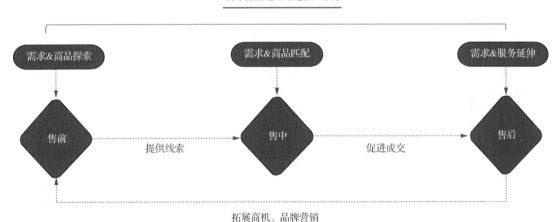

图 4-3　新零售全链路无缝客户服务示意图

2. 新零售客服与传统客服的区别

传统零售业的主要目标是售卖商品，具有"酒香不怕巷子深"的特性，其销售渠道主要通过线下实体店，以实体店为核心向四周辐射吸引客户。因此，传统客服人员需要有扎实的业务知识，所有客户服务都是以产品为核心进行的。

由于新的购物模式、整合的无缝购物体验的出现，只着眼于做好商品已经无法满足大部分客户的需求，这也推动着客户服务随之更新——具有更多的服务触点、全新的服务场景、良好的服务体验。新零售客服与传统客服的对比如表 4-3 所示。

表4-3　新零售客服与传统客服对比

类型	新零售客服	传统客服
服务时间	可以做到全年×24h	工作日，9:00—17:00
触点	各种社交媒体、穿戴设备、移动设备、桌面设备、企业微信等，有交互的地方就是触点	邮件、实体零售商店、电话等
主动性	客户掌控沟通平台和地点，自助式服务	企业掌控时间和地点
时效性	实时沟通	沟通信息延迟
体验	全链路无缝服务体验	断层式体验，零散
线上帮助	企业在售前、售中、售后主动向客户提供帮助和咨询，并记录客户行为数据，达到主动、高效、精准	由客户主动发起，针对客户提出的问题进行解答
客服人员	人、设备、应用、智能机器人	客户服务人员
预算资源	享受预算分配的专项部门	客户服务无预算分配
成本	依靠机器学习，极大释放人力资源，节约成本	主要依靠人力，成本高
技术支持	AI、VR、AR、IoT、智能语音助手、区块链等新技术	主要以人工、在线通信软件为主

4.1.3　新零售客户服务发展趋势

随着科技的进步和消费者需求的变化，客服行业也在不断发展和演变。未来，新零售客服行业将朝着多渠道、重体验和更智能的方向发展。

1. 多渠道

未来的客户服务将会协同业务端口，渗透多元应用场景，进行渠道整合与优化，使服务无缝对接客户消费旅程，在客户生命周期的各个触点交付价值，以提高客户忠诚度。在线客服系统也不再局限于网站页面上，越来越多的企业开始支持在社交媒体、移动应用和电子邮件等多种渠道上提供客户服务，让客户可以通过任何渠道随时与客服代表进行交互。

2. 重体验

在过去，产品是企业的核心，而客户的需求和反馈并不被重视，商家更关注如何制造和销售产品，而不是如何提供优质的客户体验。随着市场竞争的加剧和客户对服务质量要求的提高，商家开始将客户服务放在重要位置，更关注如何才能提供更好的服务，以满足客户的需求和期望。在未来，客户服务将贯穿客户的认知、了解、购买、使用、售后全过程，用"服务"触发消费，从而带来商业成功。

3. 更智能

随着人工智能、大数据等技术的不断发展，如今客服机器人已经有逐渐取代传统人工客服的趋势。客服机器人能够快速、准确地回答客户的问题，提高效率和客户满意度。同时，客服机器人还可以通过机器学习和自然语言处理技术不断优化与改进，进一步提高智能化水平和服务质量。未来的客户服务将会持续拓宽边界，使用语音交互、知识图谱、机器人流程自动化（Robotic Process Automation，RPA）技术等实现拟人化交互，获取并分析客户的数据。用数据反哺客服业务，使人工智能更懂人。

行业联动

胖东来式服务

胖东来是河南一家连锁零售企业，因为服务具有人文关怀而出圈，受到业界和顾客的一致好评。胖东来的各个卖场内都配备了顾客休息区、微波炉、饮水机、免费充电宝、免费宝宝车、免费轮椅等，条件允许的卖场还配有母婴室及无障碍卫生间，有特殊需要的顾客可以在这里得到更多的便捷。

在胖东来没有做不到，只有想不到。这些购物之外的顾客体验体现的是一个企业的发展层次，带给顾客更多的便捷，实现企业的社会价值。以胖东来卫生间为例，客户在胖东来用到的洗手液起泡细腻、丰富，气味自然清香，洗完之后皮肤不干涩；冷热交替的季节，水温会做出或凉或温的相应调整；护手霜及时换新，不会因为客流量大而出现破损……与这些高标准的硬件相搭配的是高标准的服务。服务并不只是增加销售的方法，而是传递温暖、传递真心，是交易之外更为珍贵的彼此信任。

课堂讨论： 你还知道胖东来有哪些出圈的服务？从胖东来式服务中，可以学到什么？

4.2 新零售线上客服

新零售企业参与市场竞争，除了依靠其特有的运营模式吸引客户之外，其客户服务质量也日渐被关注，这直接关系着企业新零售的发展状况。这种情况下，线上线下客服良好的服务质量和完美协作显得尤为重要。

由于新零售有线上销售和门店运营两种方式，因此客服也分为线上客服和线下客服两种，两者各司其职，又互相协作，共同保证新零售门店的正常运营。

4.2.1 线上客服工作内容

新零售线上客服是在新零售运营模式下，通过网络等现代信息技术接触客户，为客户提供咨询服务，以及处理各项客户事务的客服人员，是一线、直接对接客户的服务人员。可以说，新零售线上客服就是新零售门店的窗口。

线上客服最主要的工作内容便是成为客户的购物引导者，"不能放过任何进店的客户"，同时尽可能促进客户下单，提高客户的订单金额，以增加店铺的营业额。随着社会的发展，线上客服也面临许多"新"工作。总体来说，新零售线上客服的主要工作内容包括以下几个方面。

1. 售前客服常规工作

在购买商品前，客户会对商品有一定的疑惑，此时就需要客服进行"答疑解惑"，好的客户服务可以促成客户下单。售前客服常规工作如下。

（1）接待访问新零售线上商城的客户。

（2）处理各类线上订单，例如及时确认订单并完成发货等。

（3）回复客户关于商品的咨询，向客户介绍合适商品，指导客户购买商品，推荐各类优惠活动和优惠购买方案，如图4-4所示。

图4-4　线上客服推荐商品

（4）维护各类客户关系，包括现有客户的维护和流失客户的挽回、新客户的挖掘。

（5）客户满意情况调查工作。

2. 售后客服常规工作

售后客服的工作是让老客户产生信赖感，以及提高其满意度。售后客服常规工作如下。

（1）对本店所有的订单进行物流追踪，通常要抢在客户前头，发现问题后及时解决并做好记录，以备客户询问。

（2）应对客户催单，售后客服要第一时间联系配送人员，将所获得的信息反馈给客户，同时安抚客户、协调问题。

（3）客户收到商品之后，如果对商品有疑问，售后客服要进行答疑解惑，保证客户正常使用。

（4）若商品出现质量问题，售后客服要积极主动安抚客户情绪并协助客户进行退换货处理。

（5）解决售前客服转接的售后问题。

3. 线上客服"新"工作

新零售作为线上线下同时运营的新型零售方式，其线上客服还肩负着新零售模式下客服所面临的"新"工作，主要体现在以下几个方面。

（1）与线下各部门合作：收集客户关于线下购物的相关投诉与建议，整理线上各类客户的意见、建议和投诉，及时向有关部门反馈，以改进工作。

（2）线下引流工作：若客户有疑问或者意见，线上客服在向客户讲解的基础上，可以建议客户前往线下门店详细了解或者寻求帮助。

（3）沟通线下客服：若客户存在问题需前往门店解决，线上客服要及时告知线下客服，以便接待客户。

4.2.2　线上客服工作流程

新零售客户服务工作大多是比较日常且烦琐的。为了更好地完成每天的客服工作，其要按照一定的工作流程进行。

1. 售前客服工作流程

客服在售前进行的服务工作会对下单转化率有较大的影响。一般来说，其工作流程如图4-5所示。

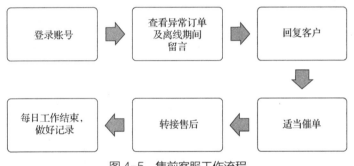

图4-5　售前客服工作流程

（1）登录系统账号，使账号处于在线状态。

（2）通过后台查看前一日订单情况，重点关注异常订单并及时对订单进行处理，如果有退换货申请订单，也需要及时处理，免得客户因等待时间较长而产生反感。另外，退换货也可以设置自动处理，符合一定条件的订单可以自动审核，完成退换货。

（3）查看离线期间留言，及时回复客户的疑问，并帮助其解决问题。

（4）客户发来消息，应立即回复客户，争取转单成功（参考格式：您好，我是在线客服××，请问有什么可以帮您？）。

（5）如遇到客户拍下未付款的情况，应及时联系客户，适当催单。

（6）突发断网、断电情况而导致离线，售前客服应在上线后及时登录，查看留言信息，一一回复并致歉。

（7）遇到咨询售后问题的，客服人员要及时记录、存档，告知客户后尽快转接给售后人员。

（8）若有客户想详细了解或者体验商品，可以建议客户前往就近门店体验，咨询客户所在位置并将就近门店信息发送给客户。

（9）每日工作结束后，售前客服要整理本日的订单情况并做好记录，以备随时查询。

2. 售后客服工作流程

在促进客户下单之后，客服工作还没有完成，新零售也应该注意售后工作的重要性。售后客服工作流程如图 4-6 所示。

图 4-6　售后客服工作流程

（1）登录系统账号，以便随时待命，解决售后问题，图 4-7 所示为尚未处理的退款订单。

商品信息	单价/数量	付款金额	买家	售后类型	处理进度	售后单状态	操作
订单号：2023082399505710							
文创口红	¥1.00 ×1	¥1.00	dre⋯	退货退款	商家审核：待审核 用户发货：待发货 商家收货：待收货	进行中	详情 审核

图 4-7　尚未处理的退货订单

（2）查看客户留言，及时跟进解决。如是物流问题，售后客服应将物流信息发送给客户；如是对商品有疑问，应及时做出解释，以消除客户的不满。

（3）查看售前客服转接信息，及时解决由售前客服转接过来的售后问题，如图 4-8 所示。

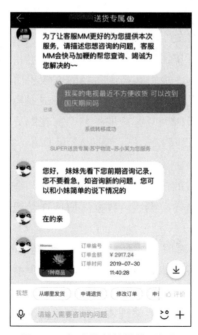

图 4-8　解决售前转接售后问题

（4）若在线上无法解决客户的售后问题，可建议客户前往门店进行及时处理。

（5）若客户在线上反映线下订单的问题与意见，应及时给予帮助和解决。

（6）通过后台查看订单评价，督促客户及时做出评价；若有中差评，则及时联系客户，沟通解释相关问题，以提高客户的满意度。

（7）一天工作结束，退出系统，设置自动回复，并对一天工作进行总结、记录。

行业联动

某服装商家新零售商城客服招聘要求

1. 制定客服系统的工作流程、执行规范。

2. 负责管理和对接外部客服合作团队机构。

3. 负责对接仓库及店铺的发货、退货、收货等环节。

4. 熟悉服装行业产品知识及服装售后知识。关注抖音及小程序、视频号的活动动态，并及时将相关信息传达给团队，以更好地服务客户。

5. 负责整理抖音、小程序、视频号的客服相关培训知识，并及时执行培训安排，结合产品及渠道，根据客户需求进行产品的实际操作。

6. 做好客户维护，整理、收集客户信息。定期对客户进行电话回访，提升客户的服务体验。

7. 具有强烈的售前转化及售后的挽单意识，重视每一笔销售订单，以销售和服务为导向，做好客服工作。

课堂讨论：新零售的线上客服还需要满足哪些要求？

3. 线上客服注意事项

好的客服会增加客户对店铺的好感，促成下单转化；不好的客服会直接造成客户反感，轻则流失客户，重则增加店铺差评。因此，客户服务对于新零售来说是非常重要的，常见的线上客服注意事项如下。

（1）工作期间要有耐心，回答客户的问题要细心，面对客户的时候要态度和善且快速地回应，不能让客户等待很久。

（2）要有较强的观察能力，善于沟通，能够根据客户的需求准确推荐产品或者快速解决问题。

（3）服务方式要灵活有效，针对不同的客户采取不同的聊天方式引导客户下单，推荐热销及关联产品。

（4）客户下单完成之后，一定要及时提醒客户核对信息，防止因客户自身失误而造成的退单损失。

（5）将工作账号设置为自动回复，防止因未及时回复消息而造成客户的反感。

（6）不可随意将正在接待的客户转给其他客服人员，以免引起客户反感。

（7）当客户的问题需要时间确认或者查询的时候，需要说明情况并让客户稍等。

（8）回答客户疑问，不可使用"不知道""不清楚"等不负责任的话语，实在不清楚的可以委婉回答。

4.3　新零售门店客服

与线上客服相比，由于需要面对面交流，线下客服具有更大挑战性。目前，越来越多的零售企业已经认识到客户价值的重要性。新零售变革的核心由以商品为中心转向以客户为中心，其终极目标是打造客户价值。

4.3.1　门店客服工作内容

门店客服主要分为导购员和收银员。导购员和收银员在整个门店运营中起着重要的作用，他们既各司其职又互相配合，共同保证门店的正常运转。

1. 导购员的常规工作

新零售门店导购员的常规工作主要包括服务、理货、补货、价签管理、盘点、市场调查等。

（1）服务

① 耐心回复。遇到客户咨询商品的相关信息，导购员要有足够的耐心，尽可能详尽地回答他们的问题。

② 平息纠纷。导购员要"眼观六路、耳听八方"，如果门店出现了客户之间的摩擦，导购员要及时调解纠纷。

③ 避免打扰。在进行补货、理货时，要注意避开客户较多的时候，不能打扰客户购物。

④ 制止违规行为。导购员要及时发现并制止客户的各种违规行为，如拆包、在门店内吸烟等，但要注意态度，不能惹怒客户。

⑤ 及时汇报。在遇到超出职权和能力范围的问题时，导购员要及时请求帮助或汇报上级领导。

（2）理货

① 商品检验。导购员要及时检查商品的条形码、价签、保质期等，并及时处理相关问题。

② 排面检查。要保证商品的主包装是面向客户的，不能随意更改。

③ 卫生保障。干净整洁的门店环境才能够吸引更多客户前来购买，因此导购员要对商品、货架进行定期清洁，保证无灰尘、无油污。

④ 巡视。导购员要不定期进行卖场巡视，防止门店出现盗窃行为。

⑤ 控损。导购员要控制损耗，回收孤品。

（3）补货

① 当货架上的商品出现空缺的时候，导购员需要及时补货。

② 导购员在补货时要注意不能影响客户的正常购物，要保证货架通道畅通无阻，及时处理空纸皮等物品。

③ 在商品上架前，导购员要检查每个商品的条形码是否完整、标签是否正确。

（4）价签管理

① 导购员要按照规范标准打印价签、贴条形码。

② 导购员要将价签、条形码置于合适位置，并定期检查是否有缺损，若出现缺损，要及时补上。

③ 导购员要及时销毁多余的价签和条形码。

（5）盘点

① 导购员要进行每月大盘点，并保证门店全员参与。

② 要保证盘点的结果准确无误。

（6）市场调查

① 根据企业的需要，导购员按要求进行市场调查。

② 市场调查材料要真实、有效。

2. 导购员"新"工作

除了以上常规工作以外，新零售门店的导购员还有一些全新的挑战性工作，如通过门店导购进行获客、锁客及销售。

（1）获客。在面对客户时，门店导购员应该以亲切的态度和专业的知识获得客户的好感，同时从线下门店向线上门店引流。

（2）锁客。门店导购员要与客户建立良好的关系，针对客户自身情况为客户提供个性化服务，提高客户的忠诚度，将新客转化为老客、回头客。

（3）销售。导购员最主要的任务是让客户做出购买行为，因此要利用自身丰富的产品知识和销售技巧，为客户做好答疑解惑、提升顾客购买意愿，从而实现销售目标。

3. 收银员的工作内容

与导购员相比，收银员的工作内容相对简单一些，主要包括以下几个方面的工作。

（1）收银员要熟悉当日的促销活动，以便客户有疑问时，可以从容回答问题。

（2）收银员最主要的工作是管理门店的备用金及收银设备，因此要保证办公设备齐全，能够做好日常的换钞工作。

（3）一般来说，客户进入店铺后，第一眼和最后一眼看到的地方都是收银台，因此收银员要保证工作区域干净整洁，给客户留下良好印象。

（4）收银员要热情礼貌，看到客户要及时打招呼，为客户做好结账服务，并引导客户进行线上购物。

（5）没有客户结账时，收银员要补充收银台必备物品，整理客户弃购商品并将其放回原处。

（6）收银员要做好日结工作，下班前检查并关闭收银设备电源。

4.3.2　门店客服工作流程

为了提高店铺的工作效率，维持门店良好的运营秩序，门店客服工作应该按照一定的流程进行。

1. 导购员的工作流程

导购员的日常工作主要包括营业准备、开始营业和闭店后工作，主要内容如下。

（1）营业准备

① 每天进入店铺的第一件事就是上班打卡，进店打卡之后，导购员要尽快更换工装、戴好工牌并整理自己的仪容仪表。

② 导购员要及时参加门店早会。

③ 做好营业前的卫生准备工作，保持商品、货架、地面等的干净整洁。

④ 做好商品检查工作，导购员要补齐货架上缺失的商品、检查商品的价签是否准确，检查商品质量是否良好等。

（2）开始营业

① 整个营业期间，导购员要保持精神高度集中，注意售货区商品销售情况，随时整理货架、归位商品。

② 遇到客户提问时，导购员要保持积极友善的态度，给予客户正确解释与指引。

③ 导购员要积极引导客户进行线上购物，以降低门店的运营压力。

④ 对于无法回答的客户问题，导购员要及时寻求有关人员帮助，不可敷衍塞责，要避免引起客户的反感。

⑤ 发现客户提取商品有困难时，导购员要主动给予帮助，协助客户把商品搬至收银台。

⑥ 时刻关注店铺安全情况，如果发现意外情况，导购员要及时给予帮助并报告。

⑦ 导购员不得擅自离开岗位，如果有事情需要离开岗位，要得到领导的允许且和同事完成交接之后方可离开。

⑧ 随时保持卖场清洁，发现脏污时应该及时处理。

⑨ 如果商品出现破损，导购员要及时将破损商品集中堆放至指定区域，记录商品损耗。

⑩ 导购员要时刻关注商品的价格变化并及时调整价签。

⑪ 导购员要积极主动协调其他部门做好相关工作，如商品退换货等。

（3）闭店后工作

① 整理货架，补充缺货的货架，将商品妥善摆列，并保证价签对应。

② 闭店后要做好卫生清洁，保证商品、货架及销售区域地面都是干净整洁的。

③ 要检查商品是否过期或者是否符合卫生要求。

④ 根据商品的销售情况，导购员要及时整理商品库存，制订采购计划报相关领导审核，防止商品库存过低来不及补货。

⑤ 导购员要盘点第二日的促销商品，以做好第二日的工作准备。

⑥ 导购员要总结一天工作，分享信息。

⑦ 导购员要做好一日工作记录，以备查阅。

2. 收银员的工作流程

收银员的工作流程一般包括询问、核对订单及其他注意事项。

（1）询问

① 在客户走向收银台的时候，收银员应该做好准备；当客户距离收银台 2～3m 的时候，收银员要主动向客户问好。

② 在收银过程中，收银员可以询问客户是否知道店铺的线上购物渠道，并引导客户下载相关 App。

③ 收银员要注意引导客户使用无人收银机进行自助付款，如图4-9所示。例如，"您好，为了减少您的排队时间，建议您选择无人收银机自助付款。"

图4-9　无人收银机

（2）核对订单

① 收银员接过客户要购买的商品，找到商品条形码所在位置，扫描商品条形码以显示商品信息，如有多件商品，则继续读取下款商品，再计算商品总额。

② 如果店铺有优惠活动，收银员要向客户如实告知优惠价格以及需要支付的金额。

此时，收银员要询问客户是否有会员卡，若有会员卡，则要告知其享有的折扣及卡内余额；若没有会员卡，则告知客户按照普通客户进行收费结算。

③ 如客户选择现金支付，收银员需告知客户"收您××，找您××"，并用双手将零钱有礼貌地递给客户。

④ 收银员要打印购物发票，并提醒客户当面清点找零。

⑤ 完成收银后，在客户离开收银台时，收银员要面带微笑地欢迎客户再来。

核对订单是整个收银过程最重要的环节，不可出现失误，否则会影响店铺的营业收入，其大致流程如图4-10所示。

（3）其他注意事项

① 在日常工作时，收银员要注意不能用力关闭钱箱，以防止钱箱脱落。

② 收银员要保证收银机打印纸放置正确。

③ 收银员用扫码器无法扫描商品条形码时，应手动敲入货号。

④ 收银员需注意职业术语，多用"您好，请问有什么可以帮到您吗？""您好，一共是××元。""这是找您的钱。"

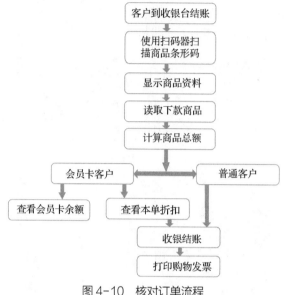

图4-10 核对订单流程

行业联动

盒马鲜生的无人收银模式

盒马鲜生的无人收银模式允许顾客在没有收银员的情况下，通过手机自助完成付费。顾客在购买商品时，无须排队等待结账，可以直接使用手机扫码完成支付。这种支付方式简化了结账流程，使得购物体验更加便捷。

然而，这种模式也引发了一些顾客的担忧。有顾客观察到，有人在自助结账机器附近扫描商品后，将商品直接放入购物袋中就离开了，而店员可能无法及时发现这种行为。此外，对于一些易损耗的商品，如水果切，顾客在食用后离开，店员可能无法判断商品是否已经付款。还有顾客反映，在聚会结束后才意识到忘记付款，匆忙返回店铺扫码，但发现保安对此已经司空见惯，表现出不以为意的态度。

课堂讨论：针对盒马鲜生无人收银模式的以上问题，请和同学讨论一下，是否有较好的应对措施？

项目小结

本项目从三个部分向读者讲述新零售客户服务的内容。第一部分介绍了客户服务的转变，重点说明了客户服务理念转变及原因，并提出要从售前、售中、售后打造新零售全链路客服；第二部分重点讲述新零售线上客服，包括线上客服的工作内容和工作流程；第三部分则主要介绍了新零售门店客服，包括门店客服的工作内容和工作流程。

82

实训演练

实训背景

李梅梅是一名大三学生，目前在一家超市当实习生，这家超市有 50 人左右，包括 5 名经理、10 名收银员和 30 余名导购员。最近，李梅梅的领导发现在工作中员工会出现不规范的行为，为了杜绝这种情况，领导找到李梅梅，想要她帮忙制定一份日常工作规范，李梅梅虽然觉得为难，但还是答应了。如果你是李梅梅，你应该从哪些方面制作这份工作规范？

实训要求

1. 制定日常工作规范及注意事项。

2. 制作工作流程图。

3. 注意导购员与收银员的工作内容及工作流程图的区别。

同步实测

一、单选题

1. 马斯洛需求层次理论不包括（　　）。

    A. 生理需求　　　　B. 安全需求　　　　C. 教育需求　　　　D. 自我实现需求

2. 新技术在客户服务中的应用不包括（　　）。

    A. 人工智能　　　　B. 智能语音助手　　C. VR 与 AR　　　　D. 互联网

3. 线上客服新工作不包括（　　）。

    A. 与线下各部门合作　　　　　　　　　　B. 退换货

    C. 线下引流工作　　　　　　　　　　　　D. 沟通线下客服

二、多选题

1. 客户服务分为（　　）。

    A. 售前　　　　　　B. 售中　　　　　　C. 售后　　　　　　D. 回访

2. 门店客服主要分为（　　）。

    A. 收银员　　　　　B. 清洁员　　　　　C. 导购员　　　　　D. 经理

3. 导购员的"新"工作包括（　　）。

    A. 获客　　　　　　B. 引流　　　　　　C. 锁客　　　　　　D. 销售

三、判断题

1. 新零售线上客服就是新零售门店的窗口。（　　）

2. 导购员每天进入店铺的第一件事就是更换工装、戴好工牌，并整理自己的仪容仪表。

（　　）

四、简答题

1. 简述新零售客服与传统客服的区别。
2. 简述新零售客户服务的发展趋势。
3. 简述收银员的工作流程。

素质拓展

智能客服不"智能"，简化沟通反成"拦路虎"

新零售时代的销售模式从线下扩展至线上，线上智能服务应运而生。截至 2022 年，中国智能客服的市场规模已经达到 66.8 亿元，庞大的市场规模下，智能客服的服务却不断涌现新的问题。

某日，苏先生通过拨打消费者投诉举报专线电话进行投诉，说明自己想取消一笔套餐，一天之内向商家打了多通电话，都无法转接人工服务，电话的另一端始终是智能客服，完全不能进行沟通。苏先生的问题不是个例，相关数据显示，有超过一半的平台消费者遭遇过智能客服"拦路"，实际问题得不到解决的情况。不仅如此，一些企业还会利用智能客服设置层层关卡，用烦琐的操作让消费者知难而退，部分软件甚至会隐藏在线客服按钮，只有在聊天框中输入"人工客服"，才有可能在长时间的排队中转接至人工客服。

从消费者的体验角度来说，相较于人工客服的周到服务，智能客服的回复确实会稍显欠缺。其机械的回复不仅浪费了消费者的时间，也难以顺利解决问题。长此以往，势必会影响企业的声誉。

为了解决这类问题，企业应该深入发展技术，不断提高智能客服的沟通能力。更重要的是，清楚智能客服和人工客服并不冲突这一事实，着力培养人工客服的素质和接电速度，保留客服应有的温度。不仅如此，相关部门也应当建立可行的客服标准，将客户服务纳入企业的评价体系中。

思考：

（1）智能客服在实际应用中存在哪些问题？
（2）"以人为本"的新零售企业应当如何发展智能客服？

项目五

新零售仓储物流

【学习目标】

➤ 了解数字化物流的含义

➤ 熟悉新零售仓储模型

➤ 掌握门店拣货基本流程与操作规范

➤ 熟悉门店常见商品品类包装规范

➤ 具备新零售门店拣货操作的能力

➤ 具备处理门店自提与门店配送任务的能力

【素养目标】

➤ 具有高效的工作与沟通能力

➤ 具有严谨的工作态度与责任心

视频自学

【思维导图】

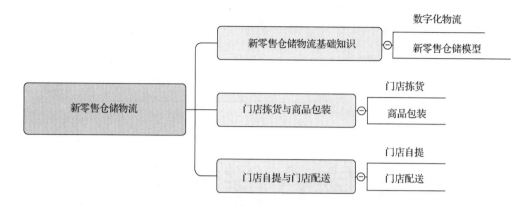

【案例导入】

盒马鲜生的数字化物流

在新零售的大潮中，盒马鲜生以独特的供应链管理和物流配送模式，成为行业的领跑者。其成功不仅在于创新思维，更在于对消费者需求的深度理解和对市场动态的敏锐把握。盒马鲜生高效和准时的物流配送服务，受到众多消费者的好评。

盒马鲜生在物流配送上研发和使用了多项智能设备。例如，智能价签：盒马鲜生的自研团队将商品的基本信息放入价签，可以显示上架时间、优惠信息、热销排行等，有线上订单时还会自动亮灯，大大提高拣货效率；AI视觉秤：能够准确识别1000多种的蔬菜、水果、干货、零食等，在不到1s的时间内即可准确称重和计算价格。

随着互联网时代的发展，新零售行业的数字化、智能化特征越来越明显。盒马鲜生研发的这些智能设备是包装拣货、物流配送环节数字化升级和改造的巨大推动力，不仅提高了各流程的工作效率，也改善了消费者的购物体验，提升了企业形象。

思考：

（1）请和同学讨论一下，盒马鲜生的智能化设备都有什么？

（2）你认为对于店铺来说，加强新零售仓储物流人员培训与引入智能设备，哪一项对提高物流配送效率更重要？

5.1 新零售仓储物流基础知识

新零售行业的发展不仅促使传统零售业运营模式的改变，同样也刺激了物流行业进行变革，不断探索智慧化和数字化物流的演进。传统电商物流配送模式可以总结为企业直接从仓库发货给消费者，如图5-1所示。新零售物流配送模式在传统电商物流配送模式上增加了新的配送方式，即仓库先发货到门店，通过门店货物集散的形式连接消费者，如图5-2所示。这里门店集散的形式既包括消费者到店消费，也包括消费者在线上下单后门店进行配送。在新零售线上线下全渠道融合的多功能门店中（见图 5-3），门店的货源不仅可以来自本土供应商和战略合作集团，还可以来自海外供应商，这种多功能门店也是仓储区、体验销售区和物流配送区的功能集合区，消费者可以通过在门店线下扫码或者线上 App 购物，门店会及时、高效地将商品配送给消费者。

图 5-1　传统电商物流配送模式　　　　　　图 5-2　新零售物流配送模式

图 5-3　新零售线上线下全渠道融合的多功能门店的物流配送模式

随着互联网时代的高速发展，新零售仓储物流发生了巨大的变化，互联网技术的应用对物流也产生了极大的影响，以大数据、云计算、人工智能为代表的数字技术日趋发展成熟，是物流行业转型变革的中坚力量。这种变革同时对物流运费的结算、车辆和人员的管理、货物信息的追踪提出了更高的要求。在新零售时代，物流行业数字化转型必定是在信息化建设完善，并且转型能够结合业务实际落地的基础上构建实现的，数字化是新零售物流的必然趋势。

5.1.1　数字化物流

物流既是互联网电商与生产商、新零售与供应商，以及消费者之间的桥梁，也是数字化技术不断发展的首要试验地。从物流行业的发展历程来看，传统物流的物流设施与生产环节分散管理、依赖人工控制，发展到后来越来越不适应社会需求，物流体系需要完成标准化、一体化、智能化的数字化改造。这时，能够做到对生产与物流系统进行合理化、信息化管理的现代物流就应运而生了。

1. 数字化物流的含义

数字化物流是一种利用传感器、自动仓库和自动驾驶等智能数字技术和信息化手段提高物流效率、降低物流成本、优化物流服务的物流模式。随着互联网、物联网、大数据、人工智能等技术的发展，数字化物流已经成为物流行业的重要发展趋势。

物流的数字化升级主要包括仓储管理、物流运输、配送交付、服务生态这四个流程在 AI、大数据、互联网、云计算、机器人等数字化技术的推动下重构的全过程，如图 5-4 所示。

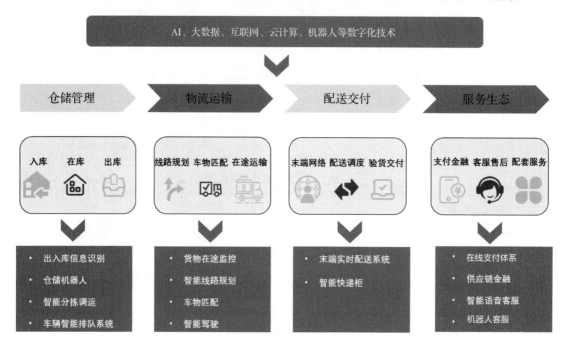

图 5-4　数字化重构物流全流程

2010—2016 年，移动互联网和智能手机的发展以及全球定位系统的应用，为运输行业的线上化创造了基础条件。但大部分网站在灵活度、可靠性、业务丰富度等方面与现在的平台相差甚远。2017 年至今，无车承运人试点驱动了物流企业数字化转型。传统企业纷纷尝试平台化转型，优化服务能力、打破企业边界、重构产业生态。各物流平台企业经过了洗牌、重组，政府规制也逐步完善，营造了公平、健康的市场环境，促进了货运平台和传统物流企业的融合升级以及整个物流行业的数字化升级。物流行业各业务流程的数字化升级具体内容如表 5-1 所示。

表 5-1　物流行业各业务流程的数字化升级

业务流程	数字化升级的内容
仓储管理	传统的仓储管理一般通过入库、在库、出库三个环节互相独立运营，对人工的依赖性强、效率较低，但经过数字化升级后，通过各种智能化、数字化的软件和硬件设施，可以实现智能出入库货物信息识别、分拣装配、车辆监控、进程管理等，节省了人力，进出库更加高效便捷安全
物流运输	传统的物流运输存在车辆人员分散、市场集中度低、效率不高等问题，但经过数字化升级之后，物流运输流程、线路规划更加科学，车辆和货物匹配更加精准高效，在途运输可以实现远程监控。同时，无人机、无人驾驶等人工智能技术的发展也为物流运输带来更多可能，前景十分广阔

续表

业务流程	数字化升级的内容
配送交付	传统的配送交付对人工的依赖性较强，在人员管理调度、货物验收等环节比较低效，但经过数字化升级后，这些问题都得到了极大改善。在大数据、自动驾驶、人工智能、VSLAM等技术的加持下，配送交付流程更加智能快捷、信息实时同步，大大降低了人工成本，管理更加科学。配送交付在无人配送技术的开发实践上取得很大进展，有巨大的发展潜力
服务生态	传统物流行业依赖线下票据结算、电话客服等方式，配套服务比较耗时耗力，但经过数字化升级之后的物流服务生态更加智能便捷，可以实现互联网线上支付、线上客服回访，把控好服务质量。另外，智能语音客服、机器人客服、在线支付体系、金融工具在物流服务上的应用也越来越广泛和完善，前景十分广阔

　　总体来看，数字化物流在未来还有很大的发展空间。随着5G技术的普及和应用，物流信息的传输速度将大大加快，为数字化物流的发展提供了强有力的支持。与此同时，人工智能技术也在不断进步和应用，这将进一步提升物流行业数字化的水平，从而实现更加智能、高效的物流运作。

行业联动

山西快成物流的数字化升级

　　作为我国"互联网+大宗物流产业链生态"领域的领军平台型科技企业，山西快成物流科技有限公司（简称"山西快成物流"）以提供一体化数字物流解决方案为起点，服务于政府和各大宗商品企业，为客户提供优质的网络货运服务，打通物流企业、货运司机、有货运需求的商户的链接，提供全方位的服务支持。该公司致力于通过创新的数字化手段，推动大宗商品企业物流效率的提高，逐渐成为物流平台数字化升级的先锋。

　　山西快成物流的大宗智慧物流系统如图5-5所示。在货主端口，山西快成物流借助先进的"客商管理系统"，成功整合了大宗商品的货源信息，为货主提供了极大的便利。通过该系统，原本分散在信息部和物流公司手中的货源信息被统一汇集，并发布至在线平台，使得货源信息更为透明和集中。此外，公司还运用"快慧通"进行磅房、仓储排队、化验、财务等关键环节的管理，实现了自动进场、无人过磅、仓储数字化、数据协同化，以及产销存一体化。这一系列举措有效地解决了场站运作过程中各环节的低效问题，大幅提高了整体运营效率。

　　在司机端口，山西快成物流推出的"快成司机"应用成功打破了司机与货主之间的信息隔阂。通过这一平台，司机不但能够便捷地在线接单、查询订单、结算运费，还可以享受常跑线路规划以及挂车审验等多项服务。这一创新举措不仅提高了运输组织的效率，还有效降低了司机的返程空载率，从而优化了整体物流运作。同时，公司还推出了"快乐驾"应用，专为司机提供全面的车货拉运订单管理功能。该应用通过场外轨迹实时跟踪和监控录像实时抓拍等功能，以确保司机在途中的安全，并精确掌握行驶线路，为司机提供更加安心、高效的运输体验。

图 5-5　山西快成物流的大宗智慧物流系统

课堂讨论：本物流企业案例对新零售物流的数字化升级有什么启发？

2. 新零售门店的物流变革

在当前竞争激烈的市场环境中，新零售门店以其独特的供应链管理和物流配送模式、高效和准时的服务赢得了消费者的口碑，成为零售行业的领跑者。为了满足不同消费者的提货需求，目前新零售门店的物流配送方式有两种：消费者门店自提；门店或第三方配送。若消费者选择门店自提，新零售仓储部门会先将相关商品打包配送至消费者选择自提的门店，并在后台操作一些流程，以待消费者前来取货。若消费者选择门店或第三方配送，则需要门店运营者先对物流相关管理信息进行设置，包装拣货完成之后再由门店的物流团队或者第三方物流公司配送到消费者手中。

（1）打造物流配送新标准

新零售门店一般拥有自己的物流团队，通常能够在短短 30min 内将商品送达周围 3km 内的消费者手中。这种高效的配送服务，不仅提升了消费者的购物体验，也在与普通的零售店的竞争中显示了巨大的优势。依靠自有的物流团队，新零售门店有效地保证了供应链的稳定，满足了消费者的需求。

在配送费用结算方面，门店运营者通过在后台设置一定的运费模板，使消费者可以在前端查看显示的运费信息，从而提高效率。在配送人员的选择上，除了自建物流团队之外，一般新零售企业也会选择与第三方物流公司合作完成配送任务，这就需要门店运营者在新零售门店系统的物流公司设置上添加有合作协议的物流公司，以便消费者灵活选择。

（2）布局本地化分布中心

新零售企业采用多个本地化分布中心，这些分布中心遍布各个城市，就像城市的"微循环系统"，使得商品能够更快地送到消费者手中。特别是对于生鲜类商品的配送来说，其作用更为凸显。

这种本地化的配送模式不仅显著提高了配送效率，更确保了食品的新鲜口感。由于采用本地化分布中心，食品从生产地到消费者手中的距离被大幅缩短，这有效减少了运输过程中的时间和损耗，从而让消费者能够品尝到更加新鲜、美味的食品。

本地化分布中心还能够更好地应对市场的变化。因为每个城市的消费需求都有其特点，所以本地化分布中心能够更快地响应市场的变化、调整商品的供应，满足消费者的需求。

（3）创新买手制策略

买手制是一种全新的供应模式，其核心思想是"买进来，卖出去"，目前已在部分新零售企业启用和发挥良好效果。

买手制要求零售商主动走出去，深入了解消费者的需求、研究市场的动态，选择那些畅销且有足够获利空间的商品。

这种模式使新零售企业能够更好地掌握市场的脉搏，更准确地预测消费者的需求。同时，这种模式也能够更好地控制商品的质量，因为新零售企业可以直接从生产地选购商品，从而确保商品的新鲜度和质量。此外，买手制也使得新零售企业能够获知哪些商品是最受消费者喜欢的商品，从而构建自有的品牌体系、形成品牌特色，吸引更多消费者并提升购物体验。

5.1.2　新零售仓储模型

目前，新零售仓储比较通用的是三层仓储模型。同时，最近几年新出现的即时零售闪电仓势头强劲，有的企业凭借这种模型也取得较大成功。

1. 三层仓储模型

多平台共享库存的电商新零售模式下，根据库存在各系统中的分布形态，可以将库存分为三种，分别是仓库/门店实物库存、中央库存和平台销售库存，如图5-6所示。

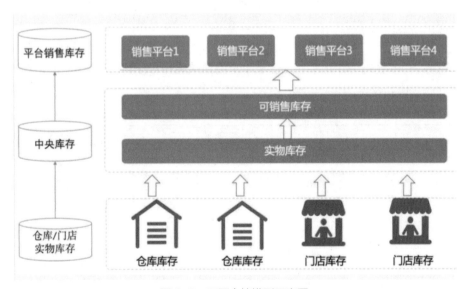

图5-6　三层仓储模型示意图

（1）仓库/门店实物库存

存储在仓储管理系统或门店 ERP 系统中的实物库存，这是处于供应链最底层与商品实物一一对应的库存。在仓储管理系统或门店 ERP 系统中，各仓库/门店仅管理自己的实物库存，处理日常商品的进销存退等业务。

（2）中央库存

中央库存系统是实物库存的集中管理营和调度中心，起着将实物库存与可销售库存关联转换的作用，对接并集中管理各地仓库和门店的实物库存。

（3）平台销售库存

平台上在商品详情页和下单时对用户开放的库存，只有当可销售库存大于 0 时，用户才能下单，否则将提示商品缺货。在设计方面，一般放在销售平台的运营后台进行管理，在商品上架时进行设置。

2. 即时零售闪电仓

（1）即时零售闪电仓的含义

① 即时零售：是一种新型的零售形态，它依赖于高效的即时配送体系，可以实现消费者从线上下单到线下商品快速送达的高时效性到家消费体验。这种零售模式以独特的"线上下单，线下 30min 送达"特点，显著区别于传统的零售方式。它的商品供应主要依赖于本地门店，从而有效推动了本地经济的发展，并为当地创造了更多就业机会。即时零售不仅代表零售业的创新趋势，还体现了消费模式的全新变革。

② 闪电仓：闪电仓作为即时零售业态的衍生创新，是一种独特的供给模式。闪电仓一般配备实体仓库店面，但专注于线上销售，线下并不直接面向消费者开展业务。这一模式使得闪电仓能够灵活选址，即使在较为偏僻的街道也能轻松扎根，从而大幅节省了房租和店面经营所需的人力资源等成本。货品配送即时，依靠美团等网上平台展开销售与配送，平均每单 30min 就可送货上门，同时能够实现 24h 营业，与夜间闭店的传统零售店相比更具优势。通过这种模式，闪电仓实现了高效、低成本的运营，为消费者带来更为便捷、经济的购物体验。

（2）闪电仓与便利店对比

和线下便利店相比，闪电仓的商品结构更全（满足长尾需求），覆盖的物理半径更广，且 24h 营业，履约时效更高。消费者在 App 上下单的前端感知和便利店/商超的供给是一样的。闪电仓和便利店对比如表 5-2 所示。

表 5-2　闪电仓和便利店对比

维度	便利店	闪电仓
商品 SKU	1000～2000 个	4000～5000 个
商品类目	快消品为主	以快消品和日用百货为主，包括毛利率较高且位于商品线中后段的非热销商品
模式	店仓一体	前置仓
覆盖范围	1km	3～5km
营业时间	9:00—21:00	能够实现 24h

闪电仓模式如图 5-7 所示，在这种模式下，商品由原产地直接采买加工，并就地存储到产地集中仓，并通过物流集中配送到区域集中仓，由区域集中保存，再由区域集中仓集中配

送到闪电仓，近地存储。因此用户下单后，一般在 30min 内就能完成拣货、取件、配送到家的流程。

图 5-7　闪电仓模式

（3）闪电仓的优点

① 商品品控好、可定制。闪电仓从原产地直接采买加工，品控好；主打高利润附加值的商品；闪电仓还售卖一些满足个性化消费需求的商品，如定制化蔬菜拼盘等。

② 物流便捷。原产地直接采买加工，就近存储；产地集中仓到区域仓集中运输，节省运输成本；区域集中仓配送到闪电仓，节省"最后一公里"配送时间。下单后，30min 内完成"拣货—取件—配送到家"。

③ 流量巨大。依靠特定的外卖平台 App 入口，享受平台巨大的用户流量，领跑生鲜即时零售电商。依托平台合作店，满足较低流量成本。

④ 利润较高。由于没有为线下门店引流的需求，闪电仓品类限制较小，生鲜占比小、长尾高利润产品比重更高，毛利率优于一般商超（便利店）。此外，闪电仓还可选址于租金成本相对低廉的区域，从而进一步降低成本。其仓库利用效率和拣货效率均显著优于传统门店，这使得其在运营效率和成本控制方面更具优势。

5.2　门店拣货与商品包装

门店拣货与商品包装需要遵守一定的操作规范，这样才能保证商品到达消费者手中时质量有保障，避免一些因包装不良或者拣货不当而造成的不必要的商品损坏，使消费者满意。

5.2.1　门店拣货

一般情况下，一个订单生成以后，门店就要进行拣货，这时为了保证配送时间，留给门店的拣货时间是有限的，因此需要在门店系统的小票设置上快速有效地区分不同订单类型，并在门店前台系统的订单"配送方式"栏目准确显示配送方式。不同的配送方式有不同的处理方法，如果消费者选择门店自提，系统会自动将订单分配到相应的自提门店。如果消费者选择由门店或第三方配送，系统则会显示收货地址和联系人，这种区别在订单的拣货单上会有清晰的体现。两种配送方式的拣货流程基本类似，在拿到拣货单后，拣货人员要在最短的时间内有效地完成拣货流程。

1. 拣货流程

新零售门店销售的生鲜、熟食等商品对时间和温度的要求相对较高，并且新零售门店均以"快速达"的特点吸引消费者，因而对门店的拣货流程提出了比较高的要求。

拣货流程中存在一些难以被攻克的问题，社区电商配送快但种类少，电商平台品种多但是配送速度比较慢。为了在新零售竞争大潮中脱颖而出，各个商家各显神通，其中尤以盒马鲜生的做法具有创新性和代表性。结合对商品品质和速度的要求，盒马鲜生独创了一套工厂化流水作业系统以及仓店一体模式。此处以盒马鲜生的门店拣货为例，讲解新零售门店拣货流程。

一般情况下，一个盒马鲜生线上订单的拣货流程必须在 10min 之内完成，具体流程如表 5-3 所示。

表 5-3　盒马鲜生线上订单的拣货流程

流程序号	具体内容
1	消费者在手机 App 挑选商品并下单
2	货架管理电子价签系统将订单传送给各区域拣货员
3	拣货员根据"最近拣货动线"拣货
4	拣货员将拣好的订单商品放入专用保温袋
5	传送带将商品传送到合流区，进行核对
6	后台工作人员将订单商品装入配送箱
7	垂直升降系统将货物送到一楼
8	配送员配送

另外，根据消费者情况，有些消费者会选择门店自提，门店拣货员则会在门店内帮消费者挑选好所需要的商品，等待消费者前来取货。

通常，从 App 下单到商品装箱配送整个过程只需 10min。盒马鲜生首创的分布式拣货方式和电子价签系统使得每个订单商品挑拣时间不超过 3min。拣选好的商品通过门店顶部的自动传输带，如图 5-8 所示，快速流转，也只需 3min；后仓包装可以视作盒马鲜生的高科技实验室，打包过程仅需 3min。

图 5-8　商品传送

2. 拣货注意事项

（1）拣货员在拣货的时候，一般是一个拣货箱对应一张购物小票，如图 5-9 所示。

（2）按照拣货单顺序依次拣取商品，并放入拣货箱中。

（3）要仔细核对货位、商品名称与商品数量，杜绝拣错、少拣、多拣现象的发生。

（4）核对拣货箱与订单信息是否相符，避免放错商品。

（5）拣拿商品时要轻拿轻放，避免在拣货过程中造成商品损坏。

（6）拣货过程中要牢记自己的拣货箱编号，以免拿错箱子。

（7）拣货时要严格按照先进先出的规则拣取商品，禁止在拣货过程中将货位内的商品弄乱。

（8）每日拣货工作完成后将货柜打扫干净。

图 5-9 拣货员拣货现场

3. 智能拣货

（1）智能价签

智能价签是盒马鲜生的一项专利技术，在盒马鲜生的货架上广泛应用。传统零售店的拣货依赖人工操作，耗时耗力，一般完成一单需要 15min。而智能价签可以显示货物基本信息、优惠信息、销售排名等，随时更新商品上架时间和新鲜度，并且在有订单时亮灯，帮助拣货员快速定位，同时避免了价签与货物对应错误的问题。拣货员借助智能价签，可以在短短 4min 内完成一单，极大地提高了拣货效率。图 5-10 所示为纸质价签、电子价签及盒马智能价签。

图 5-10 纸质价签、电子价签及盒马智能价签

（2）智能悬挂链

智能悬挂链自启用以来，已成为新零售行业的标配，其智能算法也在持续更新优化。这些悬挂链犹如门店上方的"高速公路"，如图 5-11 所示，承载着配货袋迅速滑动，是基于大数据与算法为线上订单量身打造的高效拣货设施。当消费者在线下单后，智能悬挂链的调

度算法会根据订单的时间和收货地点，智能聚合需拣货的商品，并将拣货指令就近合并发送给拣货员。根据估算，智能悬挂链可以让分拣员日均步数减少 1.5 万步，工作效率提高至原来的 3 倍。

图 5-11　智能悬挂链

5.2.2　商品包装

新零售门店销售商品种类繁多，每类商品都有其配送包装规范，一般分为生鲜类、酒水饮料类、日用百货类和化妆品类。

1. 生鲜类商品包装规范

生鲜是指未经过深加工，仅经过简单处理和保鲜就销售的商品，同时包括面包、卤味等现场加工商品。一般的生鲜商品需要进行保鲜、冷藏、冷冻处理，保质期相对较短。常见的生鲜商品包括肉禽蛋、蔬菜、水果、熟食、糕点等。

对于提供生鲜类型商品的新零售门店而言，运营所面临的问题之一便是生鲜商品包装问题，只有规范良好的包装才能保证生鲜商品的新鲜与品质，因此运营者必须重视商品包装。尤其是肉禽类、果蔬类、海鲜水产类，以及熟食糕点类商品的包装更为重要。

（1）包装技术

根据当前技术和使用频度，常见的包装技术如下。

① 简易薄膜包装：用 PE 薄膜将生鲜包裹，但是作用有限。

② 塑料袋包装：选择透气性、透湿性比较强的薄膜配合真空充气包装，提高保鲜效果，一般薄膜都有良好的封口，安全无毒。

③ 穿孔膜包装：该方法可以解决因密封而造成的易腐烂等问题，穿孔程度以生鲜保存最低湿度为标准，也称为有限气调包装。

④ 硅窗气调包装：以聚甲基硅氧烷为基料涂覆于织物而制成的硅酸膜，配合气窗黏结，抑制生鲜呼吸强度，保持新鲜度。图 5-12 所示的果蔬包装即为此类包装。

⑤ 收缩膜包装：收缩膜配合托盘包装，密封性较强，一般适用于可以直接贴着膜包装的生鲜商品。

图 5-12　果蔬包装

⑥ 气调包装：气调包装膜配合充气系统，可以有效延长生鲜商品的保质期，也是目前使用得比较广泛的类型，一般与各种形状的托盘一起使用。

⑦ 贴体包装：此种包装方式是顺着商品形状，紧贴其上而成，使得商品有美观的外形，更易引起消费者的好感，如图 5-13 所示。

图 5-13　生鲜的贴体包装

（2）生鲜类商品包装操作规范

① 包装要求

商品包装物需要干净、无损，包装材料要符合相关要求。所有包装上都必须贴上标签，标签上清晰标明商品相关信息，如图 5-14 所示。

图 5-14　商品标签

② 品质要求

生鲜类商品易腐烂变质，因此新零售门店对其品质要求特别严格，详情如表5-4所示。

表5-4　生鲜类商品的品质要求参考

类别	产品细分	品质标准
畜禽类	猪、牛、羊肉	肌肉光泽良好，多为红色或者暗红色；脂肪白色，肌纤维有韧性，无异味
	禽类	表皮有光泽，皮肉结合紧密，肉质有弹性，不黏手，无异味
水产品	海参	肉质和含盐量决定其等级，外观以刺排列均匀为上品
	鱼翅	以淡黄色为佳，同时查看其粗细
	海米	颜色发红为主，无异味，湿度越低越好，黑色"虾脑"越多越好
	虾皮	以白色、淡黄色为佳，无异味，湿度越低越优，硬度适中
	虾类	虾身光泽、丰满，手感好，有自然腥香味
	蟹类	色泽明亮，蟹壳边上发红，敲击回声响，整蟹轻
	足类	（鱿鱼等）眼睛明亮，外皮有光泽、不掉皮
	鱼类	（鲈鱼等）颜色光度好，鱼鳞有光泽，鱼鳃鲜红，眼睛发亮，鱼鳍坚硬
果蔬类	叶菜类	色泽鲜明、光亮，叶身肥壮，饱满，无伤痕，质地脆嫩
	茎根类	色泽鲜艳，粗大，无斑点，有清香气味
	水果类	大小适宜，外形端正，颜色有光泽，表皮细腻光滑，有浓郁的果香
熟食品	熟食	色泽新鲜，有光泽；切片断面纹理清晰，弹性好；有醇香味，无异味

2. 酒水饮料类商品包装规范

酒水类饮料包括酒类、软饮料类和乳制品，其包装规范如下。

（1）酒类

酒类产品包括白酒、啤酒、葡萄酒、果酒、露酒以及黄酒等。酒类检查主要包括包装检查、标志检查、感官检查三个事项，具体要求如表5-5所示。

表5-5　酒类的检查事项和具体要求

检查事项	具体要求
包装检查	包装箱上注有厂名、酒名、规格、批号、瓶数、日期，以及合格证明，并有"小心轻放""怕潮""向上"等字样及标志
标志检查	酒名、香型、净含量、配料表、酒精度（乙醇含量）、制造者的名称和地址、生产日期、质量等级、产品标准编号、检验合格证明。另外，要特别注意，瓶装啤酒的酒瓶瓶体要带年季和"B"字标志
感官检查	查看与该品类酒所具备的颜色是否一致、香味是否符合、味道是否与标注的特征相同

（2）软饮料类

软饮料类指经包装的乙醇含量小于0.5%的饮料制品，也称非酒精饮料，包括碳酸饮料类、果汁及果汁饮料类、蔬菜汁及蔬菜汁饮料类、含乳饮料类、植物蛋白饮料类、瓶装饮用水类、茶饮料类、固体饮料类、特殊用途饮料类等。软饮料类的检查事项和具体要求如表5-6所示。

表 5-6　软饮料类的检查事项和具体要求

检查事项	具体要求
包装检查	①玻璃瓶：应洁净、透明、不允许有气泡及炸裂纹；能耐一定温度差及耐稀酸侵蚀。 ②金属罐：表面清洁，封口结构良好，罐身不应有凹凸等变形现象。 ③塑料容器：无毒、无异味，不与内容物起任何反应；能耐一定温差，密封性能良好。容器表面光滑，并有良好的印刷性能。 ④复合软包装容器：内层薄膜无毒无异味，不与内容物起任何反应，密封性能良好。外层材料具有一定的机械强度，耐高温，表面光滑
标志检查	食品名称、产品类型、净含量、配料表（包括水或碳酸水）、制造者名称和地址、生产日期、保质期、产品标准号、检验合格证明
感官检查	各类软饮料均应与自身所有的颜色、气味和味道相符合

（3）乳制品

乳制品是指以原乳（牛乳、羊乳）为原料，经净化、杀菌、浓缩或分离、冷却或高温等特殊工艺加工而成的产品，包括消毒乳类制品、乳粉、奶油、炼乳、干酪等。乳制品的标准一般为国家强制性标准。乳制品的检查事项和具体要求如表 5-7 所示。

表 5-7　乳制品的检查事项和具体要求

检查事项	具体要求
包装检查	包装应清洁、无毒、无异味，符合食品卫生要求；包装袋或罐封口应严密、不渗漏；标志标注清晰、齐全
标志检查	产品名称、净含量、配料表、制造者的名称和地址、生产日期、产品标准编号、保质期、储藏条件、产品说明（包括冲调方法、婴儿服用分量表）、检验合格证明
感官检查	乳制品应有固有的醇香味，无结块、无异味

3. 日用百货类商品包装规范

日用百货类商品包括合成洗涤剂、卫生用品类产品、家居日杂用品等。日用百货类商品包装检查主要检查外包装是否符合包装规范。外包装规范主要包括以下要求。

① 必须具备的商品中文标签标志内容。

② 生产厂商名称、地址。

③ 使用说明和维修保养说明。

④ 警示标志及说明。

⑤ 生产日期、安全使用期或失效期。

⑥ 产品规格、等级、成分等。

⑦ 必须附有生产厂家的出厂检验合格标记。

4. 化妆品类商品包装规范

化妆品是指以涂抹等方式，使用于人体表面，起保养、美容作用的产品。化妆品类商品分为护肤类、发用类、美容类、特殊功能四类。化妆品类商品包装检查包括以下方面。

（1）化妆品的外盒包装设计包括花盒、中盒、大箱三种。这三种外盒包装的规范如表 5-8所示。

表5-8 化妆品三种外盒包装的规范

类型	包装规范
花盒	①花盒应洁净、端正、平整，无皱褶、缺边、缺角现象。 ②花盒的黏合部位黏合牢固，无粘贴痕迹、开裂及相互粘连现象，色泽均匀，与标准样品一致。 ③产品无错装、漏装、倒装现象，盒盖盖好。 ④产品的花盒（含产品包装）应注明产品的商标、品名、厂名、厂址、生产日期（保质期）、容量或质量、许可证号，必要时须有使用说明
中盒	①中盒应洁净、端正、平整。 ②产品无错装、漏装、倒装现象。 ③盒头（贴）应端正、清楚、完整，并有品名、数量、厂名等标志
大箱	①大箱应洁净、端正、平滑，封箱牢固。 ②产品无错装、漏装、倒装现象。 ③标志应清楚、完整，位置适中，包括品名、厂名、厂址、许可证号、规格、数量、毛重、体积、出厂日期、注意事项等

（2）关于化妆品包装设计中的商标、说明书、盒头（贴）及合格证的要求规范及国家规定包括以下方面。

① 印刷商标应图案端正，套色分明，字迹清晰、牢固。

② 商标要贴牢固，不得歪斜、漏贴、倒贴、错贴，贴实后不翘角、不翘边。

③ 说明书印刷图案整洁，字迹清楚。

④ 盒头（贴）印刷字迹、图案清楚。

⑤ 合格证印刷字迹、图案清楚，并有厂名、检验员代号等标记。

⑥ 执行的标准号应标注在产品或其说明书、包装物上。

5.3 门店自提与门店配送

目前，新零售门店运营过程中的物流配送方式有两种，即门店自提和门店配送。不同配送模式下，其运营流程有所不同。

门店自提：若消费者选择门店自提，那么新零售仓储部门会先将相关商品打包送至消费者选择自提的门店，以待消费者前来取货。

门店配送：若消费者选择门店配送，则需要先对物流相关管理信息进行设置，以便应对大量订单需求。

5.3.1 门店自提

新零售门店运营的创新之处在于消费者可以根据自己需要在线上挑选商品，然后到门店自提完成核销，从而免去门店排队的麻烦。其中，核销意为审核、销账。在新零售门店运营中，消费者根据核销码提取货物，专门的工作人员对消费者信息进行审核，交付货物，改变订单状态，最终完成订单的过程就是核销。

1. 添加门店自提核销人员

门店自提核销须有专人负责，只有特定门店的专门人员才有核销资格。运营者要在后台设置好负责核销的店员，使其具备核销资格，如图 5-15 所示。

图 5-15　添加核销人员

2. 核销码核销

（1）人工核销

自提消费者出示核销码，其示意图如图 5-16 所示。核销员使用扫描枪或者微信完成扫码验证。注意：核验订单必须处于"已付款，待发货"状态且自提门店必须是消费者所选的门店，否则将无法继续操作。核销人员核对消费者信息无误之后即可确认核销。

图 5-16　核销码

（2）系统核销

有一部分消费者因为各种原因，无法进行手机扫码核销，那么核销人员在确认消费者身份之后也可以通过计算机系统进行核销，如图 5-17 所示。完成核销之后，订单的状态变为"已发货，已收货"，如图 5-18 所示。

图 5-17　计算机系统核销

图 5-18　完成核销的订单状态

5.3.2　门店配送

门店配送因其高品质、便利化的体验成为消费者关注的重点。但因消费者提出的极速配送、准时妥投等需求，新零售门店的配送具有一定要求。

一般情况下，新零售门店宣传"30min 送达"服务，因此其对消费者订单的配送范围是有要求的。常见的新零售门店都是以门店为圆心，辐射 3km 的配送范围，超出特定范围的消费者一般无法下单。例如，盒马鲜生门店就划分了配送区域的范围。

项目小结

本项目是对新零售仓储物流的概述，从三个部分向读者讲述仓储物流的知识。第一部分介绍了仓储物流的基础知识，重点说明了数字化物流和新零售仓储模型；第二部分向读者介绍了门店拣货和商品包装规范；第三部分介绍了门店自提和门店配送的方式。

实训演练

实训背景

王明是一名大四学生，在一个新零售超市的电商部实习。临近春节大促，该企业准备配合平台开展一些促销活动，为保证商品的品质和配送效率，需要梳理一下商品拣货流程和包装规范，尤其是生鲜类商品由于不易保存和包装，更需要格外留意。领导要求王明整理出纸质规范并培训包装和拣货人员，并询问他是否了解使用哪些智能设备可以帮助超市提高拣货或包装效率。如果你是王明，你会怎么做？

实训要求

1. 列举商品拣货和包装流程及规范。

2. 了解智能价签、AI 视觉秤、智能悬挂链的相关信息，并判断是否适合在该超市门店中应用。

同步实测

一、单选题

1. 物流的数字化升级中，（   ）属于仓储管理的数字化升级。

　　A. 出入库货物信息识别、智能分拣调运

　　B. 智能线路规划

　　C. 无人配送技术

　　D. 以虚拟账户为核心的在线支付体系

2. 闪电仓的特点不包括（   ）。

　　A. 原产地直接采买加工，品控强

　　B. 区域集中仓配送闪电仓，节省"最后一公里"配送时间

　　C. 下单后，半小时内完成拣货—取件—配送到家

　　D. 闪电仓的门店租金成本较高，毛利率也较高

二、多选题

1. 数字化物流在新零售门店的变革主要包括（   ）。

　　A. 打造物流配送新标准　　　　　　B. 布局本地化分布中心

　　C. 供应链金融的建设　　　　　　　D. 创新买手制策略

2. 新零售的三层仓储模型主要包括（   ）。

　　A. 仓储/门店实物库存　　　　　　B. 中央库存

　　C. 平台销售库存　　　　　　　　　D. 产地库存

3. 新零售门店的拣货注意事项包括（   ）。

　　A. 按照拣货单顺序依次拣取商品，并放入拣货箱中

　　B. 拣货过程中要牢记自己的拣货箱编号，以免拿错了箱子

　　C. 拣货时要严格按照先进后出的规则拣取商品

　　D. 每日拣货工作完成后将货柜打扫干净

三、判断题

1. 新零售门店的买手制策略核心思想是"买进来，卖出去"。（   ）

2. 闪电仓没有实体仓库店面，只在网上卖货，线下不面对消费者营业。（   ）

四、简答题

1. 简述即时零售闪电仓的含义。

2. 简述新零售门店的智能拣货设备。

3. 简述新零售门店中日用百货类商品的包装规范。

素质拓展

新零售门店的危机与警示

生鲜产品的质量纠纷一直是所有零售门店比较头疼的问题，新零售门店尤其严重。

2022年7月，杭州一女子称，她在某新零售门店内购买的预制菜品"姜葱油青蟹"中发现活蛆，称店家仅同意退款，没有具体说明处理方式，也没有道歉。店家回应称，事发后已全额退款。根据当时的调查，在某店铺评分社交平台该店铺得分4.8分，是本地区超市便利热门榜第一名。但值得注意的是，在社交平台的一众好评中该店铺有一百多条差评，差评点多集中于店内服务人员态度差、生鲜质量味道堪忧、性价比不高等。

不仅如此，该新零售企业的其他门店还在网上被曝光其他食品安全问题。根据公开信息，也是在同年7月，该企业的青岛某分店被曝出售腐烂榴莲，并且拒绝全额退款。有顾客反映，购买的榴莲头天并未当场打开，第二天发现内部已经腐烂变质。顾客随即申请退款，但当天并未得到受理。次日，平台才回复榴莲确实腐烂，但根据平台规定，只能退款一半。在随后的进一步沟通中，门店方提出，除非顾客将腐烂的榴莲全部退回，否则无法全额退款。

据悉，该新零售企业因食品安全问题多次被监管部门通报及处罚，这为新零售行业的商品质量管理、拣货包装和物流配送敲响了警钟。

思考：

你认为创业者在加盟开设新零售门店时，该如何规范生鲜食品的包装、拣货和配送？

项目六

新零售数据化运营

【学习目标】

➤ 熟悉新零售的数据类型

➤ 掌握新零售数据收集的方法

➤ 掌握人、货、场的数据分析

➤ 了解零售小数据对新零售企业的意义

➤ 了解小客户样本研究的意义

➤ 具备新零售客户数据的挖掘和应用的能力

➤ 具备商品数据和销售数据分析的能力

【素养目标】

➤ 具有严谨负责的态度

➤ 具有数字化运营思维

➤ 具有敏锐的洞察力

视频自学

【思维导图】

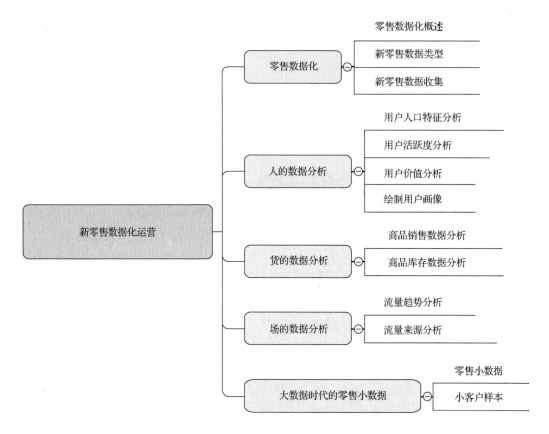

【案例导入】

大数据分析让永辉超市在逆境中"破冰"

永辉超市作为传统零售企业的领航者，一直在积极探索新零售发展路径。永辉超市开启的 O2O 整体策略中包括电商平台、CRM 平台、ERP 平台等各大平台的建设，这一策略是"辉腾行动"的主要组成部分，由集团重点推进。第三方数据公司与永辉超市达成一致合作，并且制定了以大数据分析为主要、以精准营销为次要的落地战略，从而开辟了线上线下相互融合的数据运营模式，并结合永辉超市遇到的实际问题，与永辉超市团队一起制定了分析主题，其中包括客户洞察、营销分析、商品分析等，对客户、店铺、商品三大主体进行数据化分析。

永辉超市对会员偏好、生命周期、客户价值、活动、忠诚度、流失率等进行大数据分析，将大数据标签导入精准营销系统，力求结合精准营销系统的特点，多维、多角度地灵活定位消费群体，进行精准营销、客户激活、高价值客户关怀、单品和群体促销，以及其他会员维护活动。

结合会员的特点和各地区一线运营商的需求，永辉超市将会员的属性组合起来，专门定制了一系列易懂易用的大数据综合标签（如时尚辣妈、家庭主妇、都市白领等），让经营者能够快速且准确地定位一些参加活动的人员。根据大数据分析的结果，对主要消费者进行标记和数据收集，可以了解参与企业活动的会员的购买力，以及不同地区会员购买力之间的差距，为企业改进营销活动提供数据支持。

永辉超市在数据分析的基础上，对一些固化的常规营销活动方式进行了改变。例如，将原来群发短信的营销方式改为大数据后台精准选择性推送营销。这样一来不仅节省了大量的短信营销成本，还减少了对一些价值较高的核心客户的打扰，使日常营销活动更具有针对性。

思考：

（1）请和同学讨论一下，永辉超市是如何结合自身情况运用大数据分析方法的？

（2）通过上述案例，你认为大数据分析方法有哪些？

6.1　零售数据化

传统零售业货物的销售管理效率不高，对消费者需求满足的精准度不够，难以适应消费者不断增长的需求。在信息网络技术的飞速发展背景下，数字化的知识和信息已成为一种新的生产要素，并且为经济效益的增长和结构优化增加了新动力。零售数据化的发展趋势已经势不可挡。

6.1.1　零售数据化概述

1. 零售数据化的定义

零售数据化就是通过互联网、人工智能等新兴技术，将传统零售业中的"人、货、场"三要素进行数字化，变为直观的、可供分析的数据，并对其进行处理分析，最终实现全渠道覆盖、全链条联通的新零售转型。

新零售将数据转化为零售业的持续能源供给，实现了从"生产型经济"向"消费型经济"的转变。"以人为主"逐渐从口号变成现实。新零售赋予消费者权利，在选材、商务服务、物流等环节提供"双向"反馈。新零售以数据沟通和共享为基础，把消费中的"人、货、场"三要素的数据巧妙融合，从而优化了消费者购物体验，更深层次地激发了消费者的消费需求。

2. 零售数据化的条件

零售数据化需具备以下三个条件。

（1）完善的数据软件系统。企业的数据系统结构要更加科学合理，能满足多场景的应用需求。

（2）完整的基础数据。数据化的基础是各类基础数据信息，在商品、服务等基础信息被引入后，还要导入营销过程中产生的数据。从某种意义上讲，更准确、更及时、适用面更广的数据导入，将更有价值，能对企业发展起到更大的指导作用。

（3）完善的数据中台服务。实际上，数据产生价值主要取决于需求和应用。因此，数据应用需要建立一个完整的数据中台，提取各个业务的数据，统一标准和口径，通过数据计算和加工为企业提供数据服务。

6.1.2 新零售数据类型

新零售是指对传统零售"人、货、场"三要素（见图6-1）进行重构，"人、货、场"三要素的数据化是新零售发展的主要内容。因此，新零售数据类型也分为以下三类。

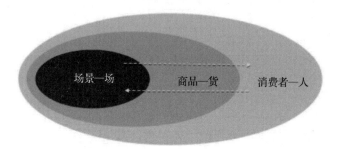

图6-1 "人、货、场"三要素

1. 新零售"人"的数据

（1）解析"人"的数据

新零售领域"人"的数据由最初的碎片化信息逐步发展为消费者画像，企业为画像设立消费者标签，能够最大程度挖掘消费者的生命周期价值。新零售领域的重心也逐渐从以产品为王转变为以人为王，人的消费选择权愈加强势，因此"人"的数据化是识别、了解、运营消费者，实现商业变现的必要途径。如何分析消费者数据，准确识别消费者？对此，企业需要回答6个问题，如图6-2所示。

图6-2 "人"的数据化思考方法

What——消费者进店做了什么事情？例如，消费者浏览过哪些商品？搜索过哪些商品？

Why——消费者进店为什么做某件事？可不可以不做？消费者所做的事情有没有替代方案？例如，消费者为什么搜索某款产品？这款产品有没有同类的替代品供消费者选择？

Who——谁是消费者？有哪些特征？例如，企业的目标客户群是哪类人群？

Where——消费者一般去哪些位置？这些位置之间有没有相互联系？

When——消费者一般是什么时候访问？访问的频率为多少？停留的时间为多少？

How——消费者是怎么做这些事情的？如何提高效率？如何实施？方法是什么？

在新零售时代收集消费者的信息时，不仅需要收集在线数据，还需要收集离线数据，从而使消费者数据实现线上和线下的串联，完成从点到面的质的变化。只有通过消费者的全渠道数据收集和分析，才能生成消费者画像（见图 6-3），从模糊的群体中选取指标，如性别、年龄层、收入等信息，再进一步通过数据分析得出清晰的目标人群特征。只有明确消费者的属性，企业才能清楚地知道该如何更好地为消费者服务，提高服务的有效性和准确性。

图6-3　消费者画像

（2）"人"的数据化实现的步骤

畅想未来，消费场景无处不在，企业应当掌握如何在多样化的消费场景中快速收集消费者的消费数据，"人"的数据化实现步骤如下。

① 采集数据：可以通过线上采集和线下采集两个渠道采集消费者的原始数据。

② 建立标签：通过分析数据建立一个标签库，然后为符合要求的人群打上相对应的标签。

③ 人群建模：对提取的标签特征进行统计分析、机器学习等，发现特征之间的关联和模式，进一步理解消费者的行为和偏好。

④ 消费者画像：给人群匹配各种不同的标签组合，然后为每个人建立一个很清晰的画像，即"人"的全息画像。

（3）"人"的数据类型

根据不同的划分角度，"人"的数据可以延伸出多种衡量指标，其中包括以下角度的指标。

① 根据人口学特征进行划分。"人"也就是消费者，可以根据性别、年龄、地域，以及职业等进行划分，这些指标的差异预示着消费者的需求不同，企业可以据此进行市场细分，再对选定的目标市场进行重点运营。

② 根据活跃度进行划分。"人"可以分为新用户和老用户。新用户的分析指标包括"新注册 UV""新 UV 转化率""新客客单"等；老用户根据"活跃天数""复购率"等，又

可以进一步划分为活跃用户、沉睡用户，以及高危用户，企业可以对各类用户采取相应的措施。

③ 根据用户价值进行划分。用户价值的衡量指标可以选取"客单价""转化率""复购率"等。其中，"复购率"是能够较为直观地反映运营数据好坏的指标。

2. 新零售"货"的数据

（1）解析"货"的数据

"货"即商品，商品的数据化首先需要对商品的各项数据进行收集。商品数据主要包括商品的各项参数数据、库存数据、价格数据、销售数据、评价数据等。商品数据可以通过专业的数据采集软件进行收集。在数据采集的基础上对数据进行整理和分析，实现"货"的数据化。

"货"的数据化主要是为企业解决"卖什么比较好、卖多少较恰当、怎么把商品卖出去、赚多少"这四大核心问题。"货"的数据化可以帮助企业建立可视化的商品管理平台，而商品管理平台可以实现商品品类管理、销售预测、动态定价、促销安排、供应计划、物流管理、库存管理等。"货"的数据化实现方法是"获取数据—分析数据—建立模型—预测未来—支持决策"，对商品、销量、价格、库存、订单等数据进行收集和分析，以满足不同应用场景的业务需求。

（2）"货"的数据化作用

"货"的数据化具有以下作用。

① "货"的数据化可以帮助企业实现按需生产。"货"的数据化可以实现供应链前端和后端的衔接，使各个环节数据有效对接，让企业从消费者的角度确定生产的产品和营销手段，如图6-4所示。

图6-4 "货"的数据化

消费者对工厂（Customer to Factory，C2F）是一种全新模式，也被称为按需定制、按需求生产，就是根据消费者的需求进行生产。

② "货"的数据化可以改进线下门店经营。在当今新零售时代下，线上和线下的数据是相互联系的，消费者在线上产生的全部数据与在线下体验产生的全部数据将成为一体。线下店铺利用线上数据，分析如何设计商品展示橱窗，如何向消费者推荐符合需求的商品等，从而直接促进交易的达成。

（3）"货"的数据类型

多样化需求下产生了琳琅满目的商品，这也意味着"货"的数据化有多种指标可以进行衡量，其中主要包括以下指标。

① 根据商品的销售情况进行分析。"退货率""售罄率"可以直观地反映商品的受欢迎程度；"周转天数""库销比"则可以衡量商品的周转情况。

② 根据库存情况进行划分。可以通过"品类库存量""商品 SKU 动销率""销售库存结构""异常库存"等指标进行分析。

3. 新零售"场"的数据

（1）解析"场"的数据

"场"也就是消费的场景或渠道，"场"是为了促成交易而存在的。过去，消费者在线下购物时的流程是进店、选货、付款，线上购物则是浏览、加购、付款，不会过多关注"场"的附加内容。随着零售业数字化进程的加快，人们对整体的购物体验需求已经不再停留在购买商品本身。尤其对于年轻人来说，他们既追求品质，又希望在人、事、剧情方面得到满足。因此，如今的消费者购买的不仅是商品本身，还包括由商品引申而来的消费场景的购物体验。

新零售的"场"是一场多用的"场"，线下门店也融合了线上数据，在交互场景中实现了商品数字化，在交易场景中实现了支付自动化。交付场景也不再是简单的给付，而是通过数据分析准确把握消费者需求，实现服务升级。图 6-5 所示为新零售的智慧门店体验。

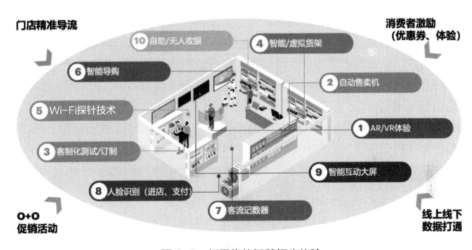

图 6-5　新零售的智慧门店体验

（2）"场"的数据类型

"场"的数据化分析主要围绕消费场景进行，主要包括以下衡量指标。

① 根据流量趋势进行分析。可以通过"独立访问者数量""重复访问者数量""页面浏览数""门店客流量"等指标反映门店或者网页访问情况。

② 根据流量来源进行分析。可以通过"流量来源频次分析""流量来源权重分析"等指标反映消费者的获取渠道。

6.1.3　新零售数据收集

新零售作为电商与传统零售的结合形式，其数据收集也涉及多个方面。不仅要关注线上的数据，也同样不能忽视线下的数据，新零售的数据收集既依赖线上的渠道，也离不开线下的渠道。

1. 线上数据收集

（1）数据中台数据收集

传统的数据中台主要负责对店铺数据进行报表统计。对于新零售企业来说，真正的数据中台包含数据采集、数据处理、为企业提供数据支撑等环节，从而将运营和业务紧密结合在一起。目前，盒马等大型零售企业都建立了自己的数据中台，将采购、生产、销售等各个环节通过一个平台打通，实现业务闭环。企业可以通过构建符合自身经营情况的数据中台，收集企业全链条数据为自身分析所用。

（2）社交网站数据收集

社交网站数据收集涉及大量的数据挖掘、处理和分析，其核心在于利用图文和社交网络分析方法来认识与预测消费者在社交网站上的行为。以微指数为例，它是新浪微博提供的数据分析工具。作为一个具有重要影响力的社交媒体平台，新浪微博的微指数可以帮助企业了解关键词的热议度及行业或类别的平均影响力，从而反映微博舆论趋势。微指数主要面向企业用户及营销、数据分析行业的专业人士。新零售企业则可以利用微指数来观察目标消费者的关注重点，发现其偏好，以实现更好的发展。

（3）搜索网站数据收集

搜索网站根据特定的计算机程序向用户提供互联网上的各色信息，并对信息进行整理，为用户提供检索服务。利用搜索网站进行数据收集，不仅涉及的用户群体数量庞大，而且能保证收集信息的准确性。以百度指数为例，百度指数是以百度海量网民行为数据为基础的数据分享平台，是当前互联网乃至整个数据时代最重要的统计分析平台之一，自发布之日起便成为众多企业营销决策的重要依据。百度指数能够提供某个关键词在百度的搜索规模、一段时间内的涨跌状态及相关的新闻舆论变化、关注这些词的用户画像，从而能够帮助使用者优化数字营销活动方案，帮助新零售做出更优质的营销策略，扩大受众群体。

2. 线下数据收集

（1）线下门店 CRM 系统数据收集

当下许多新零售线下门店已有的 CRM 系统已经实现了线下部分数据的数字化，可以完成对客户、会员、采购、销售、库存和系统的数字化管理。例如，通过数据采集传感器技术，当客户在线下门店一定范围内，CRM 系统就可以探测到客户的手机，从而定位到客户，再结合客户历史购买数据和线上操作数据，经过计算输出智能推荐产品，这有力地支持了门店智慧导购的实现。

（2）扫码数据收集

新零售门店通过构建扫码数据终端，可以实现店铺货品查找、商品配送、库存盘点、退货换货各环节的数据化，解决店铺管理存在的商品配置不合理、人员管理混乱、物流效率低下等现象，提升企业的服务水平，实现降本增效的目的。

6.2 人的数据分析

以用户为中心是现代营销的重要理念，用户是企业的利润来源，是企业能够持续发展的基础性因素。因此，了解用户成为企业重要的任务之一。在互联网技术发达的当代，了解用户不再需要企业员工走上街头进行调研和访谈,通过互联网和计算机技术,收集用户数据,对用户数据进行挖掘和运用,能极大地提高企业的管理、营销效率。

6.2.1 用户人口特征分析

以某男士西装品牌新零售门店为例,该店统计了 2023 年 1 月 30 日至 2 月 5 日的用户数据,如图 6-6 所示。在性别分布中,男性用户占比 76.56%,女性用户占比 23.44%;在年龄分布中,年龄段主要集中在 30~39 岁,这说明该男士西装品牌店的主要用户是中青年男性,门店可以据此对销售产品以及门店装修等环节进行有针对性的改进。

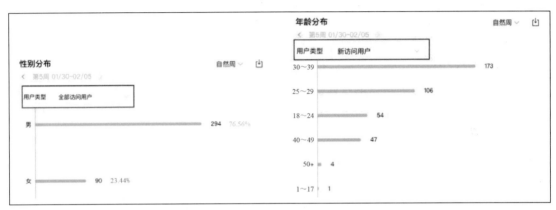

图 6-6　用户人口特征分析

行业联动

美团:用户画像是业务拓展的有力支撑

美团成立于 2010 年,并在 2015 年合并大众点评,成为综合性本地生活服务平台,提供一站式"吃喝玩乐"服务。美团之所以能够精准把控本地用户的消费需求,依赖于其创建的用户分析体系。

截至 2023 年,美团通过对用户年龄结构进行分析,发现"90 后"是外卖业务最主要的消费群体,占比达到 60%。对年龄进行细分发现,24 岁及以下人群占比最大,25~30 岁人群则是第二大消费群体;从用户性别来看,男女性消费者占比相当,男性略高于女性。总体分析可以发现,互联网背景下"宅经济"越发盛行,这也为美团外卖业务的拓展提供了有针对性的数据支撑。

课堂讨论: 你认为美团还可以根据哪些人口学特征来描述用户画像?

6.2.2 用户活跃度分析

1. 新增用户分析

以某新零售企业的用户相关数据为例,其日新增用户为 2921 人,新用户打开店铺网页的占比为 35.88%，但是其新增日留存为 7.35%，如图 6-7 所示。从时间上看，其新增日留存处于下降的趋势，这提醒企业对流失的用户应当采取相应的挽留措施。

日新增用户 03/09 周二			新用户打开占比 03/09 周二			新增日留存 03/09 周二		
	日	+44.13%		日	+16.44%		日	−5.55%
	周	+61.01%		周	+35.97%		周	−24.75%
2921 人	月	+11.37%	35.88 %	月	−42.82%	7.35 %	月	−59.34%

图 6-7　新增用户分析

2. 活跃用户数分析

从该企业门店小程序每两日的活跃用户情况可以看出，从 2 月 14 日到 2 月 22 日，门店的用户活跃度相对较高，之后就处于低值水平，如图 6-8 所示。这是由于门店在 2 月 14 日到 2 月 22 日举行了促销活动，起到了活跃用户的作用，但是，活动结束之后用户的活跃度就降低了，这说明门店对于客户的转化和挽留机制有待改进。

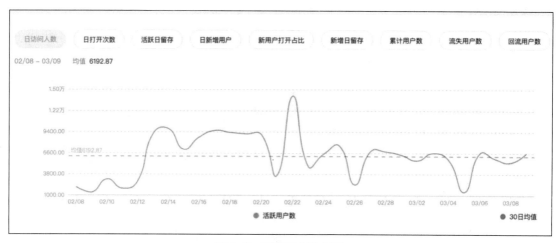

图 6-8　活跃用户数分析

 行业联动

叮咚买菜的用户留存体系

越来越多 O2O 模式的企业走进了人们的生活，服务范围也延伸至用户的衣食住行中。叮咚买菜作为生鲜零售行业的代表之一，是如何在美团买菜、京东等优质同行的激烈竞争下对用户进行留存的？

叮咚买菜在通过各种方式拉新成功之后，对于新用户的激活设计了相应的新用户专享促销活动；对于老用户则推出邀请送券的优惠规则。通过对新老用户活跃度进行数字化分析之后，在产品层设置了用户反馈机制，通过平台"我的"页面，用户可以填写购买体验，同时回答产品调查问卷也会获得送积分、参与抽奖等福利，通过以上数据收集方式，了解用户需求并针对存在的问题采取改进措施。在服务层配置了专业的服务团队，用高效的送货速度获得用户的大量好评。对于部分沉睡用户，叮咚买菜也会通过发送短信、公众号文章，以及推出优惠活动等方式重新召回。

叮咚买菜从产品细节到运营模块，都实时对用户活跃度进行全程数据监控，这也让其逐渐成为用户更加放心依赖的平台。

课堂讨论：你认为叮咚买菜的运营者可以从哪些数据指标进行用户留存分析？

6.2.3 用户价值分析

1. 转化率分析

转化率分析可以借助漏斗模型，这样不仅能够评价总体的转化率，还能对各个环节的转化率进行细分，对营销推广活动的效果做出准确的估计。

其具体公式为：

$$转化率=（转化次数÷总次数）×100\%$$

某新零售企业分析其用户转化率时，第一步统计首页的访问人数，为 15899 人；第二步统计浏览商品详情页的人数，其占总访问人数的 47.59%；第三步进一步统计将商品加入购物单的用户占比为 60.46%；第四步对提交订单的人数进行统计，总共 1960 人提交订单，计算出的占比为 42.84%；最后一步统计最终支付订单的人数，计算出的占比为 25.41%，如图 6-9 所示。

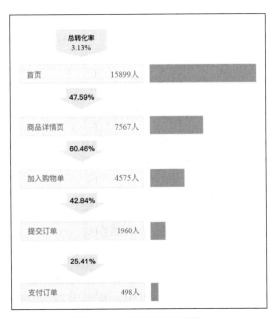

图 6-9 用户转化漏斗图

2. RFM 模型分析

（1）RFM 模型的含义

RFM 模型是三个指标的缩写，分别是最近一次消费时间间隔（Recency，R）、消费频次（Frequency，F）、消费金额（Monetary，M）。最近一次消费时间间隔（R）是指用户在企业最近一次消费距离现在多长时间。例如，顾客姚女士 10 月 13 日到店进行充值消费，10 月 20 日再次来店消费，那么姚女士最近一次消费时间间隔就是 7 天，消费时间间隔越长，用户就越有流失的风险。消费频次（F）是指用户一段时间内消费了多少次。例如，姚女士 10 月在门店消费了 7 次，消费频次越高，代表用户的忠诚度越高。消费金额（M）是指用户一段时间内消费的金额。例如，姚女士 10 月在门店总共消费了 1880 元，因此姚女士在 10 月的消费金额（M）就是 1880 元。

企业可以通过这三个指标对用户进行分类，如表 6-1 所示。最近一次消费时间间隔（R）指标，R 的值越小，也就是上一次消费离得越近，用户价值也就越高；消费频次（F）指标，F 的值越大，也就是用户购买频率越高，用户价值也就越高；消费金额（M）指标，M 的值越大，也就是消费金额越高，用户价值也就越高。

表 6-1　用户价值分类

用户分类	最近一次消费时间间隔（R）维度	消费频次（F）维度	消费金额（M）维度
1. 重要价值用户	用户价值高	用户价值高	用户价值高
2. 重要发展用户	用户价值高	用户价值低	用户价值高
3. 重要保持用户	用户价值低	用户价值高	用户价值高
4. 重要挽留用户	用户价值低	用户价值低	用户价值高
5. 一般价值用户	用户价值高	用户价值高	用户价值低
6. 一般发展用户	用户价值高	用户价值低	用户价值低
7. 一般保持用户	用户价值低	用户价值高	用户价值低
8. 一般挽留用户	用户价值低	用户价值低	用户价值低

（2）RFM 模型分析思路

例如，一家服装新零售门店想识别哪些是拥有高消费能力及对品牌信赖度高的重要价值用户，哪些是消费能力较强但是依赖度不强的重要发展用户，以及哪些是正处于成长阶段的一般价值用户，以此对不同类别的用户进行差异化的营销推广服务。

行业联动

抖音用户数据分析

数字化的发展使得短视频行业盛行。截至 2023 年，抖音等平台的用户规模达到 10.88 亿，在如此庞大的用户体系中，用户的行为和价值都存在巨大的差异。

为此，抖音利用自身强大的数据分析工具，选用 RFM 模型对用户进行评价，将用户价值分为高、中、低三层，对不同级别的用户制定相应的运营策略。例如，向高价值用户推荐全领域商品和服务，向中等价值用户推荐热销款商品，向低价值用户推荐促销款商品等。

根据用户的不同偏好设置个性化的营销策略，这样做既提高了用户满意度和忠诚度，又增加了业务收益。

课堂讨论：你认为抖音该如何界定高、中、低价值用户？

6.2.4 绘制用户画像

传统的用户画像主要是由产品设计、运营人员从用户群体中抽象出来的典型用户画像。这种类型的用户画像更偏向于定性分析，实质上是用来阐述用户需求的产生原因，可以在企业的产品研发阶段提供帮助，使企业从用户的角度想问题，了解用户需求并想象用户的使用场景。但随着产品功能的不断弱化及更多真实用户数据的进入，仅通过定性分析，难以贴近实际的用户模型。虚构的人物画像并不是真的目标群体，而是一个理想化的个体。此时，用户画像要更清晰、更个性化，这就要依靠数据。

当前，大数据分析背景下的用户画像更具有说服力。基于多维度的用户数据分析，用户画像更精准。其中，多维度的用户行为数据及用户的基本信息数据作出了很大贡献。多维度的用户数据包括用户的个人数据（账号、年龄、性别、联系方式、地址等）、浏览行为数据（搜索、停留、跳转、点赞、评论、转发等）和消费行为数据（消费商品、金额、时间等），这些数据能帮助企业设置更多的用户标签，以此标记用户特征，用户的标签越多，其画像也越立体。企业要想做到用户画像立体化，就需要根据用户画像逻辑（见图6-10），建立一个用户行为类目体系，并根据类目体系分析总结独立用户的用户画像。

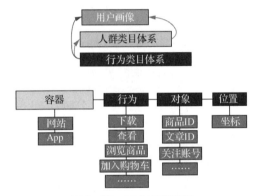

图6-10 用户画像逻辑

目前，最多维度、最全角度、最高准确度的用户画像体系是全息用户画像。该体系为传统的用户画像增加了更具真实性的场景信息验证，而且还丰富了数据来源，使结果更具真实性。

行业联动

lululemon 的用户画像

瑜伽服饰成为近几年的流行服饰，社交软件上也充满了对瑜伽服饰的探讨，瑜伽裤不再局限于健身功能，而是变成了日常穿搭的流行方式。lululemon 是瑜伽服饰品牌，虽然一条瑜伽裤的价格经常数百上千元，但仍然受到用户的欢迎，这也得益于其用户画像。

通过用户画像调查，lululemon 发现品牌的用户年龄在 20～39 岁，主要分布在北上广深等一、二线城市，同时爱好健身、瑜伽等运动，喜欢通过线上线下各种活动结交朋友。

用户画像的建立让 lululemon 意识到女性消费观念及能力的提升，她们逐渐追求时尚品牌、身材管理，以及生活品质。基于此，lululemon 将自己的品牌定位为"都市三高"（高学历、高收入、高消费）女性的标配。截至 2023 年 1 月，其 2022 财年营业收入达到 81.1 亿美元。

课堂讨论： 你认为用户画像在新零售企业营销中发挥了哪些作用？

6.3 货的数据分析

6.3.1 商品销售数据分析

商品销售数据分析是数据分析的一项重要内容。企业通过每日、每月及其他单位时间内的销售数据分析结果及多样化的分析指标，能更好地掌握门店运营现状，制定有针对性的运营对策。商品销售数据指标如表 6-2 所示。

表 6-2　商品销售数据指标

商品销售数据指标	指标解读
周转天数	周转天数是指企业从取得存货/产品入库开始至消耗、销售为止所经历的天数。周转天数越长，表示经营效率越低；周转天数越短，表示经营效率越高
退货率	退货率是衡量企业产品质量、服务质量等方面状况的指标。退货率=总退货数/总订单数
售罄率	售罄率=销售数量/进货数量
连带率	连带率=销售件数/交易次数
平均单价	平均单价=销售金额/销售件数
平均折扣	平均折扣=销售金额/销售吊牌价额
库存量单位（Stock Keeping Unit，SKU）	库存进出计量的基本单元，以件、盒、托盘等为单位

通过对某新零售门店 2022 年每个月的销售成交金额进行列举，发现该门店的总体销售水平较高。在年初的两个月中销售量一般，后面的几个月持续走高，到 6 月达到全年的峰值，6 月之后下降，并且在之后的几个月保持平稳，如图 6-11 所示。这说明该销售门店成交金额呈现明显的季节性特征，可以针对此特征设计不同的促销模式。

对某新零售门店的销售金额做进一步的数据分析，将销售金额进行区间划分，并对其进行可视化分析，如图 6-12 所示。通过对销售区间天数的统计，能够具体地把握门店的销售额，掌握门店的销售业绩。

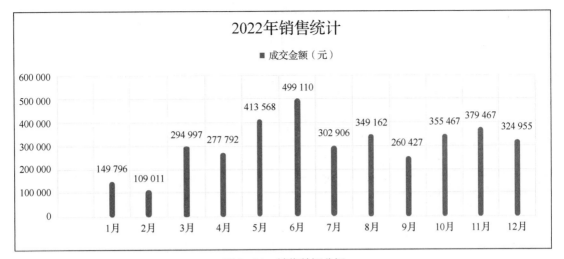

图 6-11 销售数据分析

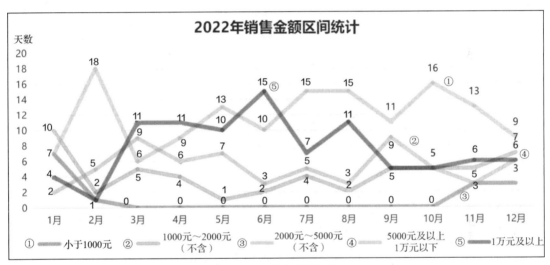

图 6-12 销售金额统计

行业联动

唯品会折扣零售之路

2023 年第 3 季度，特卖电商唯品会公布了自己的财报，让消费市场见证了折扣零售的意义和韧性。

通过对其财报数据进行分析，2023 年第 3 季度，唯品会实现净营收 228 亿元，同比增长 5.3%；订单数 1.799 亿，同比增长 6.9%；平台 GMV 也高达 425 亿元，跑赢了电商大盘的整体增长。同时，其平均单价相对于其他平台要低很多。

由此可见，唯品会抓住了当下消费者"花小钱买大牌"的消费心理。从其走势良好的财报可以得出结论，在这一回合，唯品会确实顺应了消费观念的理性变革，也让折扣零售带动了更多消费者的观念向高性价比转变。

课堂讨论： 你认为唯品会为什么会选择折扣零售之路？

6.3.2 商品库存数据分析

许多人认为新零售需要多关注销售情况，却忽略了库存数据的管理。殊不知，库存不足会直接影响销售；库存积压又会增加库存成本，降低利润。因此，商品库存数据的分析同样至关重要。商品库存数据指标如表 6-3 所示。

表 6-3 商品库存数据指标

商品库存数据指标	指标解读
库存周转天数	库存周转天数=365/存货周转次数=（平均存货×365）/产品销售成本
库龄	库龄是在某时间节点，某种或者某类存货的库存时间的加权平均值。库龄=∑（批次入库数量×批次入库时间/统计时点库存总额）
售罄率	售罄率=销售数量/进货数量
库存数量	库存数量=累计入库数量-累计出库数量
动销率	动销率=商品累计销售数量/商品库存数量
库存量单位（Stock Keeping Unit，SKU）	库存进出计量的基本单元，可以是以件、盒、托盘等为单位

进行库存数据分析时，要注意以下几点。

（1）区分库存总量，将有效库存和无效库存分别进行管理。

（2）库存数据量化，对整体库存的数量进行精准把控。

（3）库存结构分析，确保库存结构的适度性。

（4）对库存数据进行预估，把握未来销售走向。

对某新零售门店的库存数据进行分析发现，其库存周转率波动比较大，5—8 月库存的周转情况是全年最好的阶段，其余月份都低于 50%，如图 6-13 所示，这可能是因为该新零售门店专营季节性产品，因此出现了较大幅度的变化。门店也可以根据库存周转情况对自己的商品管理策略进行相应的调整，在淡季少进货，在旺季多进货，以提高全年的库存周转率。

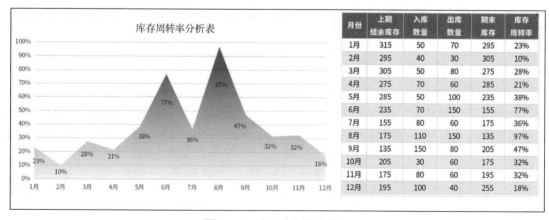

图 6-13 商品库存周转数据

6.4 场的数据分析

用户在消费过程中会产生大量的数据，这些数据在一定程度上能反映用户的购买能力、购买偏好、购买可能性等方面的信息。例如，店铺的流量数据、商品数据、销售数据等。企业日常管理工作之一就是对这些数据进行收集、分析，并将分析结果应用在日常经营中。

6.4.1 流量趋势分析

流量数据是指用户访问网页过程中产生的各项数据，一般用来衡量网站或产品的热度，是企业推广中的一项重要评价指标。

1. 独立访问者数量

独立访问者数量（Unique Visitors，UV）又称为独立用户数量，是网站流量统计分析中重要的数据，并且与页面浏览数存在密切关系。

独立访问者数量描述了网站访问者的总体状况，指在一定统计周期内（例如每天、每月）访问网站的用户数量，每一个固定的访问者只代表一个唯一的用户，无论该用户访问这个网站多少次，都计数为1。独立访问者越多，说明网站推广越有成效，也意味着网络营销的效果好，因此是很有说服力的评价指标之一。

2. 重复访问者数量

重复访问者数量（Repeat Visitors，RV）反映了站点用户的忠诚度，站点用户的忠诚度越高，重复访问者数量越多。重复访问者数量是指某访问者在指定时间内，浏览某网站两次或两次以上的访问者数量。

3. 页面浏览数

页面浏览数（Page Views，PV）指在一定统计周期内所有访问者浏览页面的次数。如果一个访问者浏览同一网页三次，那么页面浏览数就计算为三个。页面浏览数是网站流量统计的主要指标。

4. 每个访问者的页面浏览数

每个访问者的页面浏览数（Page Views Per User，PVPU）是一个平均数，即在一定时间内全部页面浏览数与所有访问者数量相除的结果，即平均一个用户浏览网页的次数。这个指标表明访问者对网站内容或者产品信息感兴趣的程度，也就是常说的网站"黏性"。

5. 某些具体文件或页面的统计指标

某些具体文件或页面的统计指标如页面显示次数、文件下载次数等，这样的指标主要针对具体文件的浏览和下载情况进行衡量。在流量统计中，受访页面统计数据可以反映具体页面的来访情况。

一般来说，每个IP地址可以有多个用户的访问（当IP地址是代理服务器时），每个用户会产生多个会话，每个会话会包括多个PV，所以它们的关系是PV≥会话数≥用户数≥IP数。如果网站在这段时间内的会话数和PV在数值上比较接近，说明大部分访问者查看了少量页面就会离去，甚至只看了入口页面，对此运营者需要丰富网站内容，设置合理的页面内部链接，引导访问者持续了解网站、企业和企业的产品。如果网站在这段时间内直接输入流量较多，说明大部分访问者是熟悉网站的老用户。如果想发展更多的新用户，则需要在更广泛的范围内推广网站。

例如，对某新零售企业小程序7天的流量趋势进行数据分析，如图6-14所示。其中，展示次数说明该小程序在用户页面中的出现次数。一周内该小程序日均展示次数和日均展示人数都在500以上，说明流量推广情况良好；但是日均点击次数和日均点击人数都在200左右，总点击率为34.18%，表明该小程序的用户点击量不够高，可以通过推广、优化程序等方式增加点击率，从而提高流量趋势。

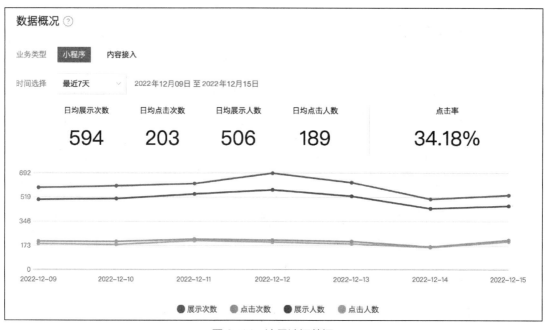

图6-14　流量访问数据

行业联动

亚马逊的流量分析工具

流量对于亚马逊卖家来说是一种衡量产品销售情况的指标，卖家可以通过流量研究优化产品的销售形式，而亚马逊官方也推出了流量分析工具Amazon Attribution，卖家可以通过它了解不同渠道的广告活动状况及最大化投资回报率，从而提高产品的销量。

Amazon Attribution现在拥有很广的使用范围：卖家可以通过后台注册使用；其添加了更多广告测量的渠道，卖家可以通过社交媒体、电子邮件、视频等渠道测量广告活动对产品销售的影响；系统还引入批量操作的功能，可以让卖家简易地生成包含标签的广告活动信息，并且能够整合这些信息进行管理，节省卖家设置的时间。

作为一个官方流量分析工具，卖家可以利用该工具与更多潜在客户群进行接触，扩大产品的销售接触面，从而引进更多的客户到达亚马逊站点。

课堂讨论：你认为亚马逊的流量分析工具会重点分析哪些数据？

6.4.2　流量来源分析

1. 流量来源频次分析

某新零售店铺对 2022 年线上线下的流量来源及各来源的频次进行统计，如图 6-15 所示，发现其中的订单中心和购物车的自然流量来源是最多的，其次是优惠券流量来源。这说明店铺的线上流量推广实施效果显著，消费者在推荐页面看到店铺产品，大部分会选择点击查看。与之相反的是活动会场和促销等线下活动流量来源最少，这说明线下的促销活动与现在的科技生活不太适应，也说明店铺的线下促销活动有待改进。

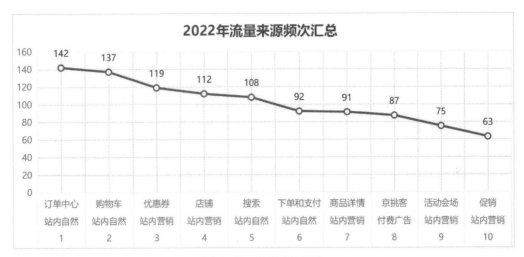

图 6-15　流量来源频次

2. 流量来源权重分析

我们对某新零售店铺进行流量来源权重分析，选择"访客数、加购人数、成交金额、成交转化率"四个维度分别排名。分析发现，访客数指标最好的流量来源是活动会场，原因可能是线下活动通常选在商超内，人流量较大；而其余三个指标则是订单中心和购物车最多，其次是优惠券，这说明在实质的订单成交指标上，还是线上活动占比最大，店铺可以着重关注。

行业联动

淘宝流量架构概述

商家在淘宝经营任何一家店铺都需要经历从选款到设计主图、拍摄素材、上架商品的过程，而且在做完基础操作之后，还要关注怎样让店铺的商品得到更多的展现和曝光，这时就需要运用多种工具进行引流。

店铺流量来源大致分为免费流量来源和付费流量来源。免费流量来源包括手淘搜索、手淘首页、购物车加购等，付费流量来源则包括直通车、优惠券、活动促销等。店铺可以根据流量来源统计工具对流量频次进行汇总，明确店铺主要的流量来源，将店铺运营资金更有针对性地投放到有用的流量渠道中。

课堂讨论： 商家为什么要做淘宝流量来源分析？

6.5 大数据时代的零售小数据

全球知名咨询公司麦肯锡的创始人麦肯锡称："数据，已经渗透到当今每一个行业和业务职能领域，成为重要的生产因素。人们对于海量数据的挖掘和运用，预示着新一波生产率增长和消费者盈余浪潮的到来。"在大数据背景下，小数据的概念应运而生。

6.5.1 零售小数据

因关注个体和细节的特点，小数据赋予了新零售更细腻的洞察能力，让营销从群体性或者品类性调研向个体性调研转变，促使新零售行为从"对症下药"向"对人下药"演化。

1. 小数据的概念

小数据是基于大数据的概念提出的，是一种更高效化、个性化的高价值信息资产。大数据侧重于大规模数据的采集和分析，小数据则更侧重于数据的深度。小数据对个人资料进行全面准确地分析，并能积极灵活地设定存取权，保护个人隐私。

若说大数据关注的是整体和规律，那么小数据关注的则是个体和细节。例如，根据大数据分析，婴儿尿布可能与奶粉、玩具和其他商品有关，啤酒消费者可能会同时购买花生、薯片和其他零食。但是沃尔玛利用一个小型数据分析表明，男性消费者在购买婴儿尿布时往往会喝上几瓶啤酒，沃尔玛将啤酒和尿布结合在一起的推广理念获得了极佳的效果。各种社会行为的细节是小数据的价值的来源，小数据分析往往更接近人们的感受，更准确地表达了消费者真实的需求。

2. 小数据对新零售企业的作用

小数据对于新零售企业来说至关重要，其作用体现在以下几个方面。

（1）提高消费者触达率和服务黏性

传统零售门店与消费者的接触就是"下单"和"售后"，小数据需要企业深度挖掘消费者数据，需要企业建立更多与消费者的联系，让消费者的触达不再局限于"下单"和"售后"，而是"选购—对比—下单—反馈—推荐"整个关系链，以挖掘更多数据的价值。

（2）挖掘优势产品和潜力服务项目

对于新零售企业来说，布局未来市场在激烈的竞争中显得越来越重要。小数据的运营和整合，能够帮助企业研发更多产品及服务项目。例如，个性化定制、即时服务等更具市场潜力的项目。

（3）消费者资源的交叉利用与合作

相关调查显示，孤立运营的企业很难获得发展。因此，很多新零售企业都在通过资源的交叉利用与合作，积极寻找新的消费者生态入口，构建自己的消费者群体，形成不同的品牌优势。例如，一场社区亲子活动，可以由母婴产品企业、母婴社区、健康机构多家共同参与来增加参与率，从而创造场景多样的零售机会。

（4）品牌去中心化构建社区新生态

任何商业模式如果无法实现消费者的闭环，就很难实现最终的消费者价值转化。新零售品牌需要围绕着消费者提供相关的解决方案，构建社区新生态，而非单一产品或者服务。

3. 充分挖掘并有效利用个体的小数据

部分新零售企业使用人脸识别技术收集并利用小数据，人脸识别技术可以确定消费者的身份，进行支付、建立档案等，但新零售的迭代必须同时考虑人、货、场生态的重构，单纯的人脸识别功能已然不能满足深层次的需求。

基于此，新零售在人脸检测、比对和识别的功能之上，增加了人脸聚类、人脸属性、人脸搜索、人脸轨迹等功能。在满足人脸支付、客流统计之外，更重要的是将消费者的"小数据"进行归档整理，将会员属性信息、购买行为、消费记录、消费偏好等真实可利用的小数据进行可视化面板展现，绘制精准的消费者画像，包括个人消费者的购买频次、购买时间、购买品类、品牌偏好、品牌忠诚度、区域动线、热点图等信息。基于消费者画像，新零售可以在线上实现更为精准的个性化推荐，在线下进行更合理的货架规划等，进一步引导和触发消费者的隐性需求。

例如，某"90后"女客户，线下购买频次最高的是蔬菜和水果，平均客单价100元，购买频次为一周四次；线上购买频次最高的是牛奶、纸巾、粮油等物品，平均客单价150元，购买频次为一周一次；购物的时间多集中在上午10:00—11:00。通过消费者画像，新零售门店可为其进行个性化推荐，在上午9:00—11:00进行线上优惠券发放，推荐与其高频购买物品同类型的商品；线下进行店铺活动页发放，推荐新鲜有机的蔬菜和水果。

6.5.2 小客户样本

小客户样本是样本中的一种，与"大客户样本"相对，通常是指样本容量小于或等于30的样本。

通过小客户样本研究，企业可以针对不同的客户需求提供不同的服务，这就是一种市场细分的营销策略（精准营销）。

通过小客户样本研究，企业获得小客户数据，通过数据分析，企业为客户提供差异化服务。差异化服务重视对目标市场的研究和需求的细分，针对客户的不同需求，满足不同目标客户群的个性化需求。

实施差异化策略有以下三种方式。

1. 以客户群为基础的差异化策略

根据市场情况和特点，以基本服务为基础，针对不同客户的不同需求，提供具有可行性的、外延的差异化服务。例如，根据客户构成，将客户分为集团客户和个人客户两种，然后通过数据分析和调研，制定适合他们的服务，从而得出解决方案，解决无差异服务的问题。

2. 以年龄为基础的差异化策略

客户的年龄不同，需求会不同，其支付能力也不相同。企业根据目标客户的年龄制定的差异化策略可更好地开发不同的业务，以高低不等的价格向客户提供差异化的服务。

3. 以业务功能为基础的差异化策略

企业根据客户使用业务与消费水平的不同，可将客户分为四类：低端客户、中高端客户、高端客户，以及潜在的中高端客户。针对各自不同的需求，制订不同的、适应性的营销计划。对于中高端客户可以用高质量的服务吸引，对于低端客户可以低价吸引。

项目小结

本项目主要介绍了新零售运营发展过程中数据的应用。首先向读者介绍了零售数据化的概念和新零售数据的类型与收集方法，让读者了解新零售与数据的关系，以及新零售数据化的表现；接着分别介绍了人、货、场的数据分析方式，向读者讲述这些数据在新零售企业中的应用；最后介绍了小数据和小客户样本这两个与新零售相关的数据类型，这两项数据的研究也代表了新零售数据化、差异化的发展趋势。

实训演练

实训背景

李慧是一家新零售企业的实习生，临近"双12"热卖活动，该企业准备对平台内的用户数据进行分析，以更精准地安排接下来的促销活动。部门组长让李慧和另一名数据分析的老员工合作，初入职场的李慧对实际操作并不熟悉，同其合作的老员工告诉李慧，对零售数据分析应该分为人、货、场三部分，再对每一类维度的数据进行细分评析。如果你是李慧，请问你觉得人、货、场三个维度的零售数据分析具体有哪些分析点？

实训要求

1. 建立人、货、场三个维度的数据分析库，并进一步设置每一个维度下的具体分析类目。
2. 运用所学知识，对每个类目进行数据分析。

同步实测

一、单选题

1. （　　）不属于"人"的数据分析角度。
   A. 人口学特征
   B. 用户活跃度
   C. 用户价值
   D. 商品的销售情况

2. 新零售线下数据收集包括（　　）。
   ①线下门店 CRM 系统数据收集　②扫码数据收集
   ③数据中台数据收集　④搜索网站数据收集
   A. ①③
   B. ②③
   C. ①②
   D. ②④

3. 商品库存数据的分析指标不包括（　　）。
   A. 库存周转天数　B. 库存数量
   C. 库龄
   D. 退货率

二、多选题

1. 场的数据分析包括（　　）。
   A. 流量趋势分析
   B. 门店销售数据分析
   C. 流量来源分析
   D. 用户画像分析

2. 商品销售数据的分析指标包括（　　）。
   A. 周转天数
   B. 退货率
   C. 平均单价
   D. 平均折扣

3. 线上数据收集的途径包括（　　）。
   A. 数据中台数据收集
   B. 社交网站数据
   C. 搜索网站数据收集
   D. 线下门店 CRM 系统数据收集

三、判断题

1. 零售数据化是将传统零售业的"人、货、场"三要素进行数字化，将其变为直观的、可供分析的数据。（　　）

2. 根据 RFM 模型，可以将不同价值的用户分为 8 类。（　　）

3. 小客户样本通常指样本容量小于或等于 30 的样本。（　　）

四、简答题

1. 零售数据化需要具备哪些条件？

2. 简述 RFM 模型的含义。

3. 在进行库存数据分析时要注意什么？

4. 流量来源分析包括哪些内容？

素质拓展

新零售营销的数据合规之路

"中台"概念自提出起就对传统行业产生了极大的影响。通过构建数据中台体系，企业能够连接前端不同业务部门，打通数据壁垒，支持前端部门的创新开发并且提供及时反馈，以更快地适应不断变化的市场。

新零售企业同时运营线上购物网站、购物App，以及小程序等多个前端业务，相应的也产生了庞大的客户消费数据。近年来，多起数据合规问题更是成了公众讨论的焦点。不少企业未经客户同意就在门店安装了人脸识别系统，抓取客户的个人信息，在房地产行业更甚，客户去看房时宁愿"全副武装"把面容遮住，也要避免售楼处对其进行人脸识别。为了治理该种市场乱象，监管部门展开了一系列的整治行动，大部分企业在被调查后表示停止使用人脸识别系统进行数据分析。

在涉及客户个人信息等方面的服务时，新零售企业要注意对客户隐私和其他必要数据的合规处理。收集数据时，应当通过隐私条款向客户公开说明其可能的运用场景；即便对客户开展推广活动，也应该提前告知客户并取得其授权，最大程度降低数据违规处理带来的纠纷。

思考：

（1）企业运用数据支撑带来了哪些好处？

（2）新零售企业在运用数据中台时应当承担哪些责任？

项目七

新零售门店运营与管理

【学习目标】

➢ 了解新零售门店组织架构

➢ 了解新零售门店职能岗位及其工作职责

➢ 熟悉新零售门店营业前的准备工作

➢ 熟悉新零售门店招聘流程

➢ 熟悉新零售门店员工考核与晋升流程

➢ 熟悉新零售门店紧急情况处理方法

➢ 具备新零售门店营业准备的能力

➢ 具备新零售门店招聘和考核的能力

➢ 具备新零售门店紧急事件处理的能力

【素养目标】

➢ 具有解决问题的能力与危机意识

➢ 具有团队协作精神与沟通能力

视频自学

【思维导图】

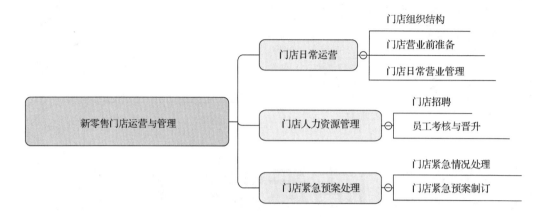

【案例导入】

全家便利店的新零售变革

由于电商平台的进一步发展，线下的实体便利店所面临的竞争也越来越激烈，以致很多门店纷纷走上"新零售"这一条路。其中，全家便利店率先进行了变革，其董事长叶荣廷解释道："全家在成立之初，主要做的是产品交易，也就是传统的'零售业'。随着市场和环境的变化，我们在此基础上更多地将服务融入产品之中，以满足个性化和多样性的需求，即努力转变成'服务零售业'。"

1. 会员运营：增强用户亲密度

2023年2月，全家将付费会员正式升级为"尊享会员"，成为国内便利店行业中第一个探索付费会员业务的头部品牌。其初衷一方面是让消费频次更高的用户获得更多优惠与权益；另一方面也是为了增强用户黏性，提升门店服务质量。

2. 直播电商：打造营销闭环

在新零售时代，全家很早便开始试水直播。2023年2月，全家成为第一批收到抖音入驻邀请的零售商超品牌。同年4月24日，全家进行了首场直播，并成为抖音本地生活商超类目优秀案例。要想实现直播效益最大化，直播间产品、内容和形式创新都不可或缺。"硬需求+新颖"的传播方式帮助全家在直播刚起步时收获了一批忠实粉丝。据全家助理总裁童伟国介绍："2023年全年，全家保持了每月两次直播的频率，累计获得5亿多人次曝光，为门店引流100万人次以上。"

全家的直播逻辑其实并不复杂：线上公域为线下私域精准引流，实体门店促进复购，最终完成"即看、即点、即买、即得"的商业闭环。

思考：

（1）请和同学讨论一下，全家的经营理念是什么？

（2）请总结全家的新零售变革方式。

7.1 门店日常运营

门店是连锁企业经营的基础，主要功能是按照服务规范要求，承担日常销售的任务。一方面，门店是连锁企业总部各项制度的执行单位，其应把连锁企业总部的目标、计划和具体要求体现在日常的作业化管理之中。另一方面，门店还是连锁企业直接向客户提供商品和服务的单位，因此其主要职能应是商品的销售与服务。企业要想门店能够正常、健康地运转，就需要对门店的商品、人员、环境、设备等进行有效管理。在门店管理中，人员管理是最核心的任务之一。

7.1.1 门店组织结构

门店是连锁企业目标的执行者和实现者，门店的组织结构是支撑门店运营的重要因素，科学有效的组织结构是确保管理效率的基础，是门店实现短期经营目标和长期战略目标的保障。规模较大的连锁门店通常采用典型的店长负责制，组织结构以店长为统筹管理的核心，下设商品部、营销部负责日常整理和销售商品；还设有客服部、配送部、行政部负责客户的日常维护及门店的日常行政工作。每个部门下设不同的职能岗位负责具体事宜，如图 7-1 所示。

图 7-1 新零售门店组织结构图

1. 店长

店长是门店的第一责任人，是门店的总管。店长的工作职责主要涉及 4 个领域：人员管理、商品管理、卖场管理、工作汇报，如表 7-1 所示。

表 7-1 店长工作职责

工作领域		工作职责
人员管理	人员培训	负责新进员工的工作指导及培训，包括商品知识、商品陈列、销售培训，店面人员行为规范的督导指导等

续表

工作领域		工作职责
人员管理	员工激励	了解、掌握店面人员的思想动态，充分调动其积极性，随时向区域主管上报店面人员及店面相关问题
	员工考勤	负责店面人员每月工作时间的统计，并上报至区域主管；店面人员调休单确认、请假单签字转区域主管复审
	店面行为监督	店面人员出勤、仪容的检查监督，对现场各种违章操作的监督处罚
	售后处理	解决店面的客户投诉，并将处理结果上报至区域主管；商品退货、换货的处理
商品管理	商品运作	（1）准确把握店面的商品情况，随时了解商品库存信息，清楚掌握店面商品的数量及畅/滞销品，同时对相关商品提出处理意见 （2）随时了解店面所需要的商品并与商品管理部沟通，然后提报店面所需的商品；若自己无法完成，可与区域主管沟通
	商品分析	（1）根据店面及竞争对手情况，及时对畅/滞销品进行统计分析，并向区域主管反馈所收集到的各类商场及店面信息 （2）根据所收集信息，若有临时性的商品需求，可直接与公司商品管理部电话提报；针对大型活动期的商品配置，需与区域主管沟通共同确定 （3）负责组织店员共同讨论相关商品的卖点分析
卖场管理	氛围营造	店面商品陈列及各类道具的合理摆放，营造舒适的门店销售气氛
	突发事件处理	处理店面的临时性问题。若自己无力处理，应及时上报至区域主管
	促销管理	严格执行区域主管关于店面促销活动的各项指令，在活动期间合理安排店面人员的工作。需人员支持的，应提早1周报区域主管，临时通知活动可据情况而定
	店面硬件管理	店面各类硬件设施的维护，店面相关物资的需求提报（需求提报至区域主管）及领取采购，带领店面人员做好上柜/撤柜/调柜的相关工作，如卫生打扫、执行区域主管安排的相关事务等
	制度落实	准确地理解公司各项规章制度，及时解答店员对规章制度的各类疑问
	目标落实	负责店面每日各店员销售目标的分解及完成进度检查
	开业准备	带领店员进行店面清洁，完成区域主管安排的各项工作
工作汇报	账务相关工作	监督店面人员清楚完成每日的销售报表的填写，月底准确地向公司提报一份公司要求店面完成的相关财务资料；同时，在接到盘点通知时，应及时安排店员整理相关盘点所需资料，并组织店员对仓库商品进行整理归类，从而保证财务盘点工作快速顺利完成
	每日工作	上午9:30前向区域主管汇报店面销售数据（包括店面每日任务、销量、本月累计销量）
	月末工作	（1）本月店面工作时间统计表、商场竞争品牌销售及排名、下月店面排班表 （2）店长上月总结及下月计划 （3）店务日志、客流统计表、促销活动统计表

2. 商品部

新零售门店的商品部主要负责商品需求企划：根据门店顾客类群的需求，调整对应的库存。商品部一般需要从数据分析的角度探究门店商品种类及其库存，最大可能地满足客户需求。商品部一般设有各类商品组和收货组，人员包括商品经理、商品主管（区域）、仓库主管、商品专员、库存管理员等。其中，最小的门店至少设有商品专员和库存管理员，具体工作职责如表 7-2 所示。

表 7-2 商品专员、库存管理员工作职责

岗位名称	岗位职责
商品专员	（1）商品质量监管：负责所管理的商品的价格、质量和保质期的监督、检查；负责所管理商品的退换货的校对；负责记录和收集所管理商品的相关变动信息，及时向店长汇报；负责确保所有冷藏库和冷冻库的温度保持正常，所有新鲜加工设备均处于良好工作状态。 （2）卫生情况：负责检查所负责门店区域的环境卫生等，确保公司标准和规范的准确实施。 （3）制订计划：要完成可持续的、负责任的营销计划，以确定有竞争力的项目
库存管理员	（1）收货阶段：确保收货商品的名称和订单一致；确保收货商品数量、重量准确无误；验收生鲜、冷冻品等易腐商品。 （2）存货阶段：检查商品条形码，保证商品条形码与商品实物信息相一致；保证周转仓库的商品码放规范；负责所有验货单据的保存、整理、分类、归档。 （3）日常卫生：协助收货区、周转仓库的清洁卫生工作，正确保管和使用各种收货设备。 （4）安全方面：防止闲杂人员随意进出承接区域，帮助防损员开展消防安全工作。 （5）其他工作：与供应商保持良好的沟通和联系

3. 营销部

营销部是门店的核心管理部门，营销部的运作成效直接影响门店经营的成败。新零售时代，营销部不仅要收集市场信息、分析市场动态、做好市场预测、提出营销方案、搞好市场策划、建立畅通的营销渠道、提高门店效益，还要在巩固和完善原有市场的基础上不断开发新市场，同时做好门店的形象策划和包装推介，开展广告促销，树立市场形象，与新闻媒体建立良好的公共关系。营销部人员一般包括电商运营专员、社交媒体经理、用户体验设计师等，以电商运营专员为例，具体工作职责如表 7-3 所示。

表 7-3 电商运营专员工作职责

岗位名称	岗位职责
电商运营专员	（1）负责门店线上平台日常运营，包括商品上架、下架、库存管理、售后服务等。 （2）通过各种线上推广渠道，如淘宝客、抖音、饿了么、美团等平台，吸引用户访问并购买门店产品。 （3）监控并分析电商平台的数据，包括流量、转化率、销售额等，提出优化建议，负责制定并执行基于电商平台的营销策略，从而提高销售额和用户转化率。 （4）负责店铺美工及相关设计工作。 （5）完成上级领导交办的其他相关工作

4. 客服部

客户在购物的全链路中，一旦出现任何问题，都可以通过申请客服介入，获得购物保障。随着人工智能大模型技术的落地，新零售时代的客服部一方面需要充分利用技术优势，深化对客户和商品特点、属性的理解，更好地为客户提供差异化服务；另一方面，在大模型逐渐取代人工的过程中，客服部需要将人工服务投放到更有价值和需求度更高的场景中，从而提升整个

门店的服务水平。客服部一般设有客服组、收银组，人员包括客服主管、售前客服、收银员等。以客服主管为例，该岗位具体工作职责如表7-4所示。

表7-4 客服主管工作职责

岗位名称	岗位职责
客服主管	（1）管理客服团队：负责招聘、培训、绩效考核和团队管理，从而确保客服团队的工作效率和服务质量。 （2）制定客服相关制度：制定和落实客服相关的制度和流程，从而确保客户服务符合公司规定和标准。 （3）监督客服工作：监督客服团队的日常工作，包括电话、在线客服等渠道的接待和处理方式，确保客户对服务的满意度。 （4）处理客户投诉：负责处理客户投诉和纠纷，及时提出解决方案，并跟踪问题的解决过程，以确保客户的满意度和忠诚度。 （5）提升客户服务质量：建立客服质量评估机制，收集整理客户反馈和建议，优化服务流程和提升服务质量。 （6）与各部门沟通协调：与销售、采购、物流和其他部门进行沟通协调，解决客户问题和提高客户满意度。 （7）汇报和分析：定期向上级汇报客服工作的情况，对客服绩效进行评估，提出改进建议和方案

5. 配送部

随着时代的发展，互联网、人工智能、大数据等新技术不断取得突破，新零售行业正逐步建立起线上线下相结合、以消费者体验为中心的新零售业态。为了以单件拣选方式向消费者供应食品、日用品和健康、美容用品等，门店的配送部应运而生。配送部人员一般包括配货员、配送员、售后客服等岗位。以配货员为例，该岗位具体工作职责如表7-5所示。

表7-5 配货员工作职责

岗位名称	岗位职责
配货员	（1）商品验收：到货通知→准备收货→检验合格→卸车打标→系统录入→放置待入区→验收结束通知入库→保存验收记录。 （2）商品入库：通知入库→入库准备→入库上架（入位）→系统录入→入库完毕→入库记录。 （3）商品分拣：汇总门店订单→打印拣货单→整理订单并分类→拣货出库→核对打包→打印出库单→放置汇集核对区→拣货记录。 （4）商品汇集：根据出库单复核（无误）→入置商品待发区→整理载具（周转筐、笼车）→打印配送单→复核记录。 （5）商品整理：第一时间整理缺货、断货订单，并通知补货员做好相应的补货准备，保证当天的订单可在1h内完成配送。 （6）其他工作：配合其他部门做后续工作；整齐分类堆放好仓库的产品；配合售后、订单客服跟单；空闲配合打包整理货架

6. 行政部

行政部是门店非常重要的综合性岗位之一，其主要职责是负责门店的行政和人力资源管理工作。该岗位需要协调各部门之间的日常事务，保障门店的正常运营，同时负责员工的招聘、培训、绩效考核等人力资源管理工作，以提高员工的工作效率和门店的发展水平。行政部人员一般包括防损员、保洁员、人事等岗位。以防损员为例，该岗位的具体工作职责如表7-6所示。

表 7-6 防损员工作职责

岗位名称	岗位职责
防损员	（1）安全管理：负责本店客户、员工、收银区、金库、商品和其他固定资产的有效安全管理；每日开店前，检查门店所有安全设施是否正常；每日关店后，检查门店各类锁是否关闭。 （2）监督巡视工作：做好监督工作，以确保客户货物无遗漏，门店商品没有损失；要做好门店巡视工作，预防偷盗等事件的发生。 （3）定期检测消防设备：及时消除隐患，配合防损主管对门店员工定期进行消防培训和应急演练。 （4）紧急情况处理：处理客户与客户、客户/员工与员工之间的冲突；负责紧急情况的处理及人员疏散工作。 （5）做好店长交办的其他工作

7.1.2 门店营业前准备

门店营业前准备工作主要包括门店清洁、营业物品检查、营业商品准备。

1. 门店清洁

清洁明亮的营业场所能给顾客以视觉上的享受。因此，每日门店营业前，店员不仅要把门店营业场地清理干净，做到通道、货架、橱窗无垃圾、无污迹、无纸屑、无杂物、无灰尘，还要将门窗、玻璃、广告招牌擦拭明亮，将顾客可能使用的物品（如试衣镜、试鞋椅、意见簿等）擦拭干净，并放在合适的位置。在店员清洁完毕后，店长还要巡视一圈，以免忽略某些卫生死角。

此外，保持室内空气新鲜流通。店长要检查营业照明灯有无故障，如遇当日停电，要准备好其他照明光源，确保门店光亮整洁、空气清新。

2. 营业物品检查

在每日卫生工作整理完毕、正式营业之前，还需要检查日常营业所用到的物品。

（1）店长需要检查门店计算器、销售单、价目表、宣传单等物品是否摆放整齐，及时更换破损、过期、标签污损的商品；查看促销信息，检查商品价格标签和促销活动标识是否正确，以避免出现价格错误；检查监控是否正常运作。

（2）收银员要检查收银机、POS 系统、计算机等设备是否开机并正常运转，以确保营业后可以顺利使用。要备好足够的小面额零钱，并按票值分类存放。这样不但可以提高工作效率，还能避免在工作过程中因找不开零钱让顾客等候而引起顾客的不满。

（3）导购员要在营业前准备好开票的工具，如圆珠笔、复写纸、开票本等；还要备好售货工具、促销用品等，并仔细核对度量衡器，保证其准确、灵敏。同时，导购员还要留意营业用品是否完好，如有污损破裂现象，要及时向店长换领。要根据自己经营商品的特点和需要，准备不同规格的包装材料，如塑料袋、手提袋、包装纸等，以备销售商品所用。另外，导购员还要注意保持这些包装材料的整洁、整齐、无褶皱。

3. 营业商品准备

门店是售卖商品的地方，因此在每一天正式营业前，店员都要检查、准备好商品。

（1）复点过夜商品

店员上岗的第一件事情就是对照商品账目，根据商品平时的摆放规律将过夜商品进行过目清点和检查，以明确责任。在复点过夜商品时，如果发现问题，店员应及时向店长汇报，请示处理办法。

（2）备足商品

店员在核对前一天所剩商品的基础上，应根据自己经营商品的特点和最近的销售规律及市场变化，备齐备足当天所需的商品，以保持货架品种齐全、数量充足。

（3）检查商品质量

在补添商品时，店员一定要认真检查商品有无残损、变质等情况，避免在卖出商品后出现退货的纠纷。

（4）检查商品价格标签

开始营业前，店员要对商品的价格进行认真检查。对于附带价格标签的商品，要检查价格标签是否齐全，有无缺签；经营的商品与标签上的货号、品种是否一致；标签上的字迹是否清楚可见；标签上所要标明的内容是否完整，如标签上是否按要求标明了所经营商品的品名、产地、型号、规格、颜色、款式、单价等。对于刚陈列的商品，要做重点检查，避免出现有货无价或有价无货的情况。在检查中，如果发现错价或缺签，要立即改正和补上，并将标签悬挂或安放在商品上，以保证有货有价、有价有签、有签到位、标签齐全、货价相符。

（5）做好商品的陈列摆放

总体来说，商品陈列应做到"满、全、新、齐、美"。在营业前，店员根据门店所确定的商品陈列原则、陈列方法，将前一天因销售而弄得凌乱的商品重新摆好，以迎接新一天的销售活动。

7.1.3 门店日常营业管理

门店日常营业管理是提高门店效率和业绩的关键。有效的门店日常营业管理流程需要制定明确的重点工作事项，并确保每个单一事项的具体工作步骤与要求得到执行。同时，门店管理者应根据实际情况及时调整不合理之处，并且保持持之以恒、务实求真的态度。

1. 制定明确的日常重点工作事项

为确保门店的日常运营工作得到有效管理，首先需要制定明确的重点工作事项。这些事项应该涵盖门店运营的关键方面，例如顾客接待、市场营销、员工管理等。通过对日常重点工作事项的明确，门店员工可以更好地了解自己的工作职责和目标，从而提高工作效率。

2. 每个单一事项须明确具体工作步骤与要求

在确定了重点工作事项后，需要为每个单一事项明确具体的工作步骤与要求。例如，在顾客接待方面，可以制定顾客咨询的具体步骤和要求。明确的工作步骤和要求可以帮助门店员工有条不紊地完成工作，从而提高工作质量和顾客的满意度。

3. 根据实际情况及时调整不合理之处

门店的日常营业管理需要具备灵活性，能够根据实际情况及时调整不合理之处。例如，如果某个工作步骤过于烦琐或低效，可以考虑简化或重新设计该步骤。通过不断调整和优化运营流程与结构，门店可以更好地适应市场变化和顾客需求，提升运营效果。

4. 持之以恒、务实求真

门店的日常营业管理需要有持之以恒、务实求真的态度。店长应该持续关注运营工作的执行情况，发现问题并及时解决。同时，门店员工也需要积极配合，按照既定的工作步骤和要求执行任务。通过持之以恒、务实求真的态度，门店可以不断提高运营效率和业绩。

行业联动

量质并重的全家便利店

截至 2023 年年底，全家在我国的门店有 3000 家左右，其中加盟店数量占比超过 85%，整体的扩张策略并不冒进。

门店运营端，全家经历了从"管理在线""管理可视化"到"管理智能化"的阶段性转变。目前，数字化工具在全家门店运营上有较好运用。例如，全家管家 App、E 学堂、订购系统、尊享会员系统等，可以把加盟商从日常繁杂的事务性工作中解放出来，使其将更多精力放在门店管理、业绩增长、顾客服务上。

供应链端，全家自建供应链系统和研发中心，涵盖鲜食、蒸包、面包等自有商品品类，工厂遍布华东、华南、西南、华北四大区域；自有全温层物流系统，可以每天保障便利店商品准时上架。

目前，全家根据对装修、设备投资的不同方式设置了 A、B、C 三种可供投资者灵活选择的加盟方案。无论选择哪一种，其原则都是确保加盟商在毛利分配中拿大头。

课堂讨论：通过对全家连锁经营案例的分析，你受到什么启发？

7.2 门店人力资源管理

门店人力资源管理的主要内容包括门店招聘和员工考核与晋升。招聘的目标是找到符合门店要求的人，而考核的目标是衡量员工工作表现，激励员工不断符合门店发展的要求。

7.2.1 门店招聘

招聘是新零售门店人员配置中的一项重要工作。新零售门店无论是在正常运行期间，还是刚刚成立，都需要工作人员。新零售门店在刚成立时，由于需要大量工作人员，因此需要开展招聘工作。在正常营业期间，会出现正常退休、辞职、调动、晋升、淘汰等多种原因导致的岗位空置情况，因此也需要及时招聘人员保证门店的正常运营。

人员招聘通常遵循以下程序。

1. 制订招聘计划和策略

招聘计划工作内容，包括招聘的目标、招聘信息的发布、招聘员工的岗位类型、选择程序和时间安排等方面的组织策划。

招聘流程首先是提出用人需求，这个阶段主要由其他各部门根据实际工作需求提出申请，与人力资源管理部沟通详细的招聘要求和岗位职责，填写招聘申请书（见图 7-2），而后经总经理审批通过后报人力资源管理部汇总；接下来是发布招聘信息、收集应聘资料、邀约面试、人员选拔、人员录用，最后进行招聘工作评价。招聘流程如图 7-3 所示。

招 聘 申 请 书

申请日期：___ 年 _月 _日 星期 ___

申请部门：		申请日期	到岗日期	所需条件				工作内容（招聘要求）	增补理由
岗位名称	增补人数			性别	年龄	学历/经历	薪资范围		

总经理审批： 　　　　　　日期： 　　年 　　月 　　日

图 7-2　招聘申请书

图 7-3　招聘流程

其中，在提出用人需求时，需要针对岗位和业务特点编写有针对性的工作职责和任职资格说明。以盒马鲜生"内容策划运营专员"招聘要求（见表 7-7）和"标品小二"招聘要求（见表 7-8）为例，可以看出其在工作职责一栏中进行了详尽的描述，在任职资格中对工作经验、工作能力、性格等也做了要求。一份描述准确的招聘要求可以为招聘门店提高招聘效率，也可以为后续人力资源管理节约成本。

表 7-7　盒马鲜生"内容策划运营专员"招聘要求

职位	内容策划运营专员（社群方向）
工作地点	上海市
工作职责	（1）围绕活跃的目标用户开展工作，以盒马门店为圆心运营贯穿线上线下的社区，协同全国不同城市的门店开展内容和活动运营； （2）制定区域运营规则、用户规范，维护社群良性发展； （3）配合商品和促销活动进行话题与栏目更新； （4）深入用户，通过数据分析、访谈、线下互动等方式与用户建立联系，挖掘用户需求，提升活跃度

任职资格	（1）具有 2 年以上互联网内容社区、电商平台内容运营工作经验； （2）具有较强的横向协作能力； （3）具有基本的图片文字处理能力； （4）具有较强的数据分析能力，能理解电商和社群产品数据

表 7-8　盒马鲜生"标品小二"招聘要求

职位	标品小二
工作地点	深圳市
工作职责	（1）确保价签、POP 干净整洁； （2）确认促销商品，督促促销员做试吃试饮； （3）保障商品陈列有序，进行商品日常维护，确保商品先进先出； （4）确保促销商品陈列在明显位置，陈列美观，以吸引顾客； （5）关注商品变价和被动移库情况，以及库存准确性； （6）与收货部共同完成收货过程，确保商品在有效期内且日期新鲜
任职资格	（1）高中以上学历，年龄在 18 岁以上； （2）乐观、性格开朗； （3）能适应公司变化，接受新的挑战； （4）工作积极认真； （5）具有良好的沟通能力

2. 发布招聘信息

新零售门店通过多种渠道向社会发布招聘信息，从而确保有更多合格人员前来应聘。传统的综合类招聘网站用户垂直，性价比很高，网站活跃度较高，是招聘市场的主导者。主流招聘网站对比分析如表 7-9 所示。

表 7-9　主流招聘网站对比分析

网站	适用岗位	优势
前程无忧	综合类	简历量较大； 涉及行业较多； 筛选制度较完善； 职位比较清晰可靠
智联招聘	综合类	简历量较大； 涉及行业较多； 筛选方便，可以根据岗位需求设置筛选条件，不会出现筛选功能简陋或者烦琐的情况，使用起来方便、快捷、明晰
58 同城	综合类	主要针对中小型企业； 价格相对低廉； 主要针对中低端人才； 基层岗位招聘效果好

续表

网站	适用岗位	优势
拉勾招聘	互联网类	页面简洁明了； 设计类岗位简历较多，较为活跃
BOSS 直聘	互联网类	互联网垂直招聘领域 App； 平台上活跃简历的数量极大； 提供了比较全面的免费服务

3. 收集应聘资料

（1）应聘者填写的申请表，包括性别、年龄、学历、专业、工作经验、业绩等。

（2）推荐材料，即有关组织或者个人提供的书面推荐内容。

（3）调查材料，即招聘某些岗位的人员时，需要调查应聘者工作、学习的单位或者有关人员的资料。

4. 邀约面试

在确定面试名单后要进行电话邀约，电话邀约成功后须发送邮件确认。

下面提供一些可供参考的电话邀约话术。

❖ 您好，我是××有限公司的人事，在××网站上看到您投递的应聘我们××职位的简历，请问您目前是否在找工作呢？

❖ 通过初步筛选，您的简历与我们的招聘要求基本匹配，希望能邀您过来详细面谈，我们的地址在××，面试时间为××，请问您是否方便呢？

❖ 稍后将发送详细的面试邀请函到您的邮箱，请您查收，并及时回复。

❖ 感谢您的应聘，打扰您了，再见！

5. 人员选拔和人员录用

人员选拔包括对应聘者的一般知识的掌握程度和心理素质状况进行初步审查并面试，以确定最终录用人员。

录用人员就业过程一般分为签订试用合同、安置新员工、岗前培训、试用和正式录用等阶段。试用是对新员工的能力和潜力、个人素质和心理素质的进一步考核。新员工的正式录用是指在试用期满后，对表现良好、符合组织要求的新员工，人力资源管理部代表将与其签订正式的聘用合同，明确双方的责任、义务和权利。

6. 招聘工作评价

招聘工作评价主要指评估招聘的结果，评估招聘成本和招聘方式。一般来说，完成招聘工作后，应对整个招聘工作进行总结和评价，以提高下一次招聘工作的效率。

7.2.2 员工考核与晋升

员工考核与晋升是门店人力资源管理的核心部分，通过对员工实施管理，使门店更加规范化。员工管理主要包括员工考勤、员工绩效考核、员工培训和员工晋升。

1. 员工考勤

员工考勤是对员工日常出勤情况的考核，每家门店都有自己的考勤制度。高效、清晰的考勤制度是门店管理的重要手段。考勤制度一般包括以下几个部分。

（1）工作时间规定。许多新零售门店24h营业，工作时间分为几个不同的班次，如早班、中班和晚班。由于不同班次的工作时间也不同，所以这就需要详细记录每位员工的班次和工作时间。员工需要在规定时间内签到或打卡，完成考勤记录，并开始本岗位的工作。

（2）请假管理办法。对请假的管理需要明确请假的情况、请假的方式和时间、请假的审批程序、请假的绩效扣减说明。

（3）考勤奖惩。出勤奖励，旨在激励员工积极遵守门店的规定。奖励设置要体现差异，激发员工不断进行自我完善；惩罚设置也要体现差异，但惩罚设置必须在合理的范围内，太重的惩罚设置会引起员工的强烈不满，从而影响门店的凝聚力。

2. 员工绩效考核

员工绩效考核包括以下几部分。

（1）确定考核对象和考核指标

考核对象可以分为管理团队和一般工作人员，不同的考核对象具有不同的考核内容和不同的考核指标。

确定完考核对象，接下来要对不同的考核对象设置考核指标。考核指标分为三大类。

① 销售指标：销售指标包括销售量、销售额、利润率、客单价等。销售指标是门店考核的重要指标，一个门店的销售能力最直接的体现就是其销售数据。销售指标主要的考核对象是店长和导购员。

② 商品管理指标：门店商品管理指标主要围绕商品属性和门店经营实际需要设立。一般说来，其指标包括商品满足率、商品动销率、商品损耗率、库存周转天数、商品价格竞争指数、商品急配次数、近效期商品等。商品管理指标的考核对象是商品管理人员和店长。

③ 客户满意度指标：客户满意度是指客户对门店的服务、商品的满意程度。了解客户满意度可以通过客户访问、调查问卷、意见箱等方式。根据客户对门店的满意度指标的不同权重进行计算，最终得出客户满意度分数。

（2）实施考核管理

门店的考核是一个持续的过程，考核的依据是员工的日常工作数据，绩效考核流程如图7-4所示。

图7-4 绩效考核流程

① 岗位人员填写考核表。岗位人员按照考核表填写相关信息，对自己的工作进行总结和评价。

② 直属领导审批。岗位人员填写完考核表后上交直属领导审批，直属领导按照统计指标填写相关绩效数值，并对员工的自我评价进行考核并签字。

③ 人力资源管理部门审核。人力资源管理部门结合日常统计的考勤、奖惩数据，岗位领导上交的绩效数据，以及员工自我评价，对员工的各项数据进行考核和整理，形成绩效考核报告。

④ 部门领导审批。人力资源管理部门上交绩效考核报告，部门领导打分、填写意见并签字。

⑤ 考核结果反馈。如对考核结果有争议，按照门店争议处理程序进行。

（3）实施奖惩

绩效考核结束后，需要根据考核的结果对员工进行奖惩。奖惩包括嘉奖和惩罚。依据考核结果的优秀程度，嘉奖的常见形式包括表扬、奖励和晋级三类；依据考核结果的不合格程度，惩罚的具体形式常有警告、记过、降级和开除四大类。

3. 员工培训

员工培训按内容可以分为两种：员工技能培训和员工素质培训。

员工技能培训：企业针对岗位的需求，对员工进行的岗位能力培训。新零售门店的员工技能培训包括盘点技能、收银技能、理货技能、服务技能、故障处理技能等，技能培训可以使各个岗位的员工更好地开展本岗位的工作。

员工素质培训：企业对员工素质方面的要求，主要有心理素质、个人工作态度、工作习惯等的培训。员工素质培训可以更好地提高门店的工作效率，建设门店的核心文化，从而形成门店的核心凝聚力。

4. 员工晋升

为了提升员工个人素质和能力，充分调动全体员工的主动性和积极性，达到发现人才、培养人才、留住人才的目的，并在公司内部营造公平、公正、公开的竞争机制，需要规范门店员工的晋升机制。

（1）员工晋升基本原则

在员工晋升考核中，应遵循以下基本原则。

① 德能和业绩并重的原则。晋升需全面考虑员工的个人素质、能力，以及在工作中取得的成绩。

② 逐级晋升与越级晋升相结合的原则。员工一般逐级晋升，为门店作出突出贡献或有特殊才干者，可以越级晋升。

③ 纵向晋升与横向晋升相结合的原则。员工既可以沿一条通道晋升，也可以随着发展方向的变化而调整晋升通道。

④ 能升能降的原则。根据绩效考核结果，员工职位应可升可降。

⑤ 职位空缺时，首先考虑内部人员；在没有合适人选时，考虑外部招聘。

（2）员工晋升须具备的条件

在员工晋升时，应具备以下基本条件。

① 遵守职业道德规范。

② 具备胜任较高职位的技能。

③ 具有相关工作经验和资历。

④ 在职工作年度绩效考核评级为合格及以上。

⑤ 完成职位所需的有关训练课程。

⑥ 具有较好的适应能力和潜力。

（3）管理职责划分

人力资源管理部负责员工晋升工作的组织、任职资格条件的审查、任职公布等业务工作，是员工晋升的具体执行部门。各用人部门负责向公司推荐符合晋升条件的员工。由员工主动提出晋升时，任职部门负责对其任职条件进行初步核查。

7.3　门店紧急预案处理

门店在日常运营过程可能会遇到一些突发事故，这就需要门店预先做好紧急预案，以免在遇到紧急问题时不知如何应对。其中，条形码故障和停电是新零售门店的突发事件中发生频率较高的问题。

7.3.1　门店紧急情况处理

1. 条形码故障处理

门店的收银设备一般是收银台。在进行商品结账时，收银员需要使用收银台的扫码器，扫描商品包装上的条形码，收银台计算机屏幕上会自动显示商品的名称、价格、质量等信息。通常扫描成功后，扫码器会发出一声"滴"的提示音；如果扫描不成功，则会发出一声"嘟"的提示音，表明扫码失败。

收银员在进行商品结算时，可能会遇到商品条形码故障，以下是常见的商品条形码故障处理情况。

情况一：扫描不出商品信息。收银员扫描商品条形码，扫码器没有反应且收银台上计算机屏幕不能显示商品信息。遇到此类情况时，收银员应该立刻重新换一个商品扫描。更换商品后能扫描出来，那说明是该商品条形码错误，应该及时联系商品管理员，为客户更换商品，重新为客户扫描结账；如果更换一个商品后，还是扫描不出商品信息，那可能是扫码器错误，收银员应及时联系维修部，请维修人员前来维修。对于待结账的客户，收银员应该向客户说明情况并道歉，然后为客户安排其他收银台进行结账。

情况二：扫描出的商品信息错误。收银员扫描商品条形码，发现收银台上计算机屏幕显示出的商品信息与实物信息不符，此时收银员应及时向客户解释商品信息错误，向客户说明情况，询问客户是否还需要此商品。如果客户表明还需要此商品，应该及时联系商品管理员，为客户更换条形码信息正确的商品。

2. 停电情况处理

新零售门店在遇到突然停电的情况时，可以按照表 7-10 所示的程序进行处理。

表 7-10　突发停电处理程序

时间阶段	具体步骤
事前预防	（1）事先配置足量应急类灯具及手电筒，定期检测并记录； （2）安装备用发电设备并定期进行检测； （3）掌握供电单位的停电信息，并做好准备工作
事中处理	（1）发生停电时，应立即询问停电原因及停电时间长短； （2）启动备用发电机； （3）抽调人手并赶至收银台后； （4）收银员迅速将收银机抽屉锁好； （5）必要时疏散顾客； （6）以诚恳的语言安抚顾客并请求原谅； （7）由保安主管加强后门、侧门的管理，防止员工做出不良行为； （8）如备用发电机出现故障且停电时间较长，则阻止顾客进入门店； （9）检查货运电梯内有无人员被关，并及时通知技术部
事后处理	检查场内冷冻食品，避免发生变质情况

3. 安全事故处理

新零售门店在遇到恐吓事件、打斗事件、抢劫事件、顾客财物丢失等突发的安全事故时，可以按照表 7-11 所示的方法进行处理。

表 7-11　突发安全事故处理方法

安全事故类型		现场处理方法
恐吓事件	电话恐吓	（1）发现后应保持镇定，保留通话记录（避免传阅，以免留下过多痕迹），第一时间电话通知（通知时应避开人群，严禁用对讲机呼叫）门店防损部主管与门店店长； （2）将电话录音或通话记录一同交门店防损部主管； （3）不可扩散恐吓信息，以免引起员工与顾客恐慌
	可疑物品	（1）员工发现后立即报防损部处理； （2）将现场封锁，隔离可疑物品，不得打开或挪动； （3）由门店防损主管视情况报警处理
打斗事件		（1）发生打斗，应立即制止并通知防损到场处理； （2）将打斗双方带离现场，疏散围观顾客，避免事态升级，尽快恢复正常营业； （3）打斗出现人员伤亡事故时，应控制打斗的另一方，并报警处理； （4）打斗双方如对门店造成损失，门店应派人到派出所一同处理，并保留要求打斗双方进行赔偿的权利
抢劫事件		（1）不要慌张，保持冷静，在保证人身安全的情况下及时报警，同时将情况通知门店防损部； （2）疏散相关区域顾客，保障顾客生命财产安全； （3）在确保安全的情况下，制止抢劫行为，抓获罪犯； （4）抢劫人员如劫持人质，在保证人质安全的情况下，尽可能拖延时间，等待警方到场处理； （5）将现场附近监控覆盖事发现场，尽量记录抢劫者的相貌特征； （6）保护现场，以便警方查案

续表

安全事故类型	现场处理方法
顾客财物丢失	（1）员工应迅速带领顾客至商场出入口防损处； （2）出入口防损员立即将情况通知其他出入口防损员与当班防损管理人员，并关注顾客丢失的财物与描述的嫌疑人； （3）当班防损管理人员应立即协助顾客进行查找，并安抚顾客情绪，但不可给顾客承诺； （4）查找无果，可协助顾客报警处理
人员伤/病/亡事故	（1）发现人员受伤时，应立即将其搀扶至僻静处休息并做简单处理； （2）将情况报告门店服务台值班经理与门店防损部当班管理人员； （3）协助联系受伤人员家属，并就是否送医院处理征求受伤人员意见； （4）顾客在商场内突发癫痫、精神病等疾病时，应将病人控制或隔离，防止发生咬舌、伤害他人等行为； （5）将顾客病情报 120 与 110 处理； （6）商场发生人员晕倒，在无法判断病因时，不可随意挪动晕倒人员身体，可广播寻找场内是否有医护人员协助处理； （7）商场发生人员死亡（或濒临死亡）事故时，不可移动死亡人员的身体，及时封锁现场，避免事态扩散； （8）将附近监控镜头对准事发现场，同时寻找目击顾客并设法挽留； （9）门店防损主管须第一时间向门店店长及总部防损经理汇报
食物中毒	（1）门店值班经理应迅速组织将中毒人员送至医院，同时将情况报门店店长与门店防损部处理； （2）未知原因的群体性中毒必须报 110 处理；有 5 人以上（含 5 人）中毒时，应避免送往同一家医院； （3）门店防损部应立即组织人员将可能引起中毒的物品进行封存（包括呕吐物）； （4）门店防损部立即上报总部防损部； （5）门店防损部迅速调取并保存相关视频资料备查

4．火灾或自然灾害等不可抗力情况

新零售门店在遇到火灾或自然灾害等不可抗力情况时，可以按照表 7-12 所示的方法处理。

表 7-12　突发火灾或自然灾害等不可抗力情况处理方法

事故类型	现场处理方法
火灾	（1）第一发现人应立即判断火情性质，并就近取消防器材进行扑救，避免火情蔓延；同时，寻求附近员工的帮助；让其他员工立即通知防损部与区域负责人；其他员工将火情附近的易燃物品、贵重物品转移。 （2）如属燃气引起，要同时将燃气阀关闭。 （3）如属电线短路引起，需同时将电源开关关闭。 （4）当火势较大时，现场职务最高者应立即报火警并组织人员疏散。 （5）火情处理完毕，防损部组织人员保护好现场，进行拍照取证工作
自然灾害（如地震、洪水）	（1）确保员工和顾客的安全，密切关注官方的安全指导和预警信息。 （2）必要时关闭店铺，保护财产免受损害。 （3）灾后迅速评估损害情况，制订重启营业计划
突发公共卫生事件	（1）遵守政府的健康和安全指导，实施必要的防疫措施，如保持社交距离、消毒清洁等。 （2）必要时调整营业模式，如提供无接触式外卖或线上服务

7.3.2 门店紧急预案制订

针对突发事件和紧急情况，门店要制订事故紧急救援预案，确保事故发生时能迅速组织力量并采取措施，将事故损失降至最低。

1. 紧急预案

紧急预案，也称为对可能的重大事故（件）或灾害应急预案，是一种预先制订的计划或方案，以确保可以开展快速、有序、有效的应急救援行动，降低事故损失。紧急预案的编制应做到这几点：首先，生产经营单位应当登记重大危险源，制订紧急预案；其次，大型集会、焰火、嘉年华会等群众性活动，应当制订灭火和应急疏散预案，保证消防安全措施的落实；最后，危险化学品单位应当制订本单位的紧急救援预案，配备紧急救援人员和必要的紧急救援设备，并定期组织演练。

紧急预案是在对潜在重大危险源、事故类型、发生可能性等进行识别和评价的基础上，对应急组织、职责、人员、技术、设施（设备）、物资、救援行动及其指挥协调等方面预先做出的具体安排，包括设想事故发生过程、事故后果及影响程度。

2. 制订紧急预案

制订紧急预案应遵循图7-5所示的程序。

紧急预案能够明确在突发事故发生之前、发生过程中，以及结束之后，谁负责、做什么、何时做，以及相应的策略和资源准备等。

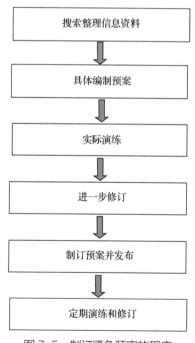

图7-5 制订紧急预案的程序

3. 紧急预案内容

通常情况下，紧急预案内容包括以下几个部分。

（1）总则

总则包括编制紧急预案的目的以及适用紧急预案的情况和范围，不同紧急情况对应的级别以及应对的方式，说明紧急预案的组织机构、人员构成情况，以及工作基本原则，责任落实到具体个人。

（2）基本情况

阐述门店基本概况以及周边情况的排摸结果，对易发生紧急情况的地点进行说明和备注，找出环境风险源。

（3）环境风险源与环境风险评价

针对找出的环境风险源进行评价和防控，主要依据该环境风险源发生紧急情况的概率、后果和影响范围等进行评价。

（4）组织机构及职责

根据发生紧急情况的级别，设置相对应的紧急救援组织机构和领导小组，明确在遇到不同的紧急情况时紧急救援组织机构和领导小组的职责，做到分工明确、责任落实。

明确由企业主要负责人担任指挥部总指挥和副总指挥，应急救援指挥机构根据事件类型和应急工作需要，采取不同的紧急预案和应对措施。

（5）预防与预警

针对门店自查以及结合环境风险源评价的具体情况，对潜在的风险情况主动采取预防措施。例如，设置自动监测报警系统，在紧急情况发生时能够做到紧急预警，并与消防及火灾报警系统联网等。

（6）应急响应与措施

根据紧急情况的危害程度以及紧急程度，启动相应级别的紧急情况应对预案措施，组织机构和领导小组按照相对应的工作原则与工作职责开展紧急救援，同时列出可能遇到的紧急情况，并给出处理措施。

（7）后期处置

确定受灾人员和受损设备的安置情况及损失赔偿。组织机构和领导小组评估紧急情况的影响程度以及损失情况，并据此提出相关补偿意见。同时，查询企业购买的保险，并与保险公司协商共同完成意外伤害等保险的理赔。

（8）应急培训和演练

明确应急培训和演练的时间和方式，定期对门店所有工作人员进行应急培训和演练，使员工具备一定的应急处理能力。

（9）奖惩

明确紧急情况救援工作中奖励和处罚的情况，具体包括应急经费是否及时到位，应急救援物资和装备是否充分，应急救援措施是否得当等内容。

（10）预案的评审、备案、发布和更新

明确预案的评审、备案、发布和更新要求，列出预案实施和生效的具体时间，做好预案更新的发布与通知。

项目小结

本项目从日常运营、人力资源管理和紧急预案处理三个方面介绍了新零售门店的运营和管理。第一部分向读者介绍了门店的组织结构，让读者了解门店的构成，并介绍了门店的营业前准备工作和日常营业管理内容；第二部分通过介绍门店的招聘、考核与晋升，让读者了解门店的人力资源管理；第三部分通过介绍常见的几种紧急情况应对策略和紧急预案制订的方法，让读者掌握对紧急事件的处理办法。

实训演练

实训背景

赵月是一名大四学生，在一家连锁零售门店实习。临近周年庆，该公司准备联合线上平台开展一些促销活动。为避免届时出现因人群拥挤造成的踩踏事件，需制订紧急预案。组长将这个任务交给赵月，要求他在两天内完成紧急预案的制订。可赵月完全不知道应该如何着手。如果你是赵月，请问你会如何进行紧急预案的制订？

实训要求

1. 设想可能出现的紧急情况。
2. 依据设想的紧急情况制订紧急预案。

同步实测

一、单选题

1. 商品部一般有各类商品组和收货组，其岗位不包括（　　）。
   A. 商品经理　　　　　　　　　　　B. 商品主管（区域）
   C. 仓库主管　　　　　　　　　　　D. 销售员
2. 考勤办法不包括（　　）。
   A. 工作时间规定　　B. 请假管理办法　　C. 信息规范程度　　D. 考勤奖惩

二、多选题

1. 制订紧急预案的程序包括（　　）。
   A. 搜集整理信息资料　　　　　　　B. 具体编制预案
   C. 实际演练　　　　　　　　　　　D. 进一步修订
2. 常见的新零售门店组织结构一般包括（　　）。
   A. 商品部　　　　B. 营销部　　　　C. 客服部　　　　D. 配送部

三、判断题

1. 紧急预案能够明确在突发事故发生之前、发生过程中，以及结束之后，谁负责、做什么、何时做，以及相应的策略和资源准备等。（　　）

2. 为了保证员工考核的公平性，不同的考核对象应采取相同的考核内容和考核指标。（　　）

四、简答题

1. 门店的组织结构包括哪些部分？
2. 门店的日常行政管理包括哪些内容？
3. 如何应对门店突然停电的情况？

素质拓展

AI 安全厨房提前预警火情

厨房失火发现滞后是餐饮行业面临的共同问题。阿里安全推出了 AI 安全厨房（见图 7-6），探索用 AI 图像识别技术和红外热成像技术解决厨房的这一安全生产问题。目前，AI 安全厨房已在盒马上海部分门店投入使用。

在盒马上海湾店的后厨，在两口大油锅斜上方的墙角处，安装有一个摄像头。据阿里安全天眼工作室技术专家南歌介绍，它是红外热成像摄像头，能接收物体，如油锅释放的红外线，并实时转换成温度信息。同时，结合阿里安全图灵实验室的 AI 图像识别技术，该摄像头可对油锅周边划定的区域进行人体识别，检测是否有人。

"当发现划定的区域内温度持续上升，达到设定的预警温度，而且未检测到有人，就会触发预警。"南歌说，这个摄像头就像是值守厨房的"AI 防火员"，工作人员接收预警信息后即可赶到现场处置。

根据紧急程度，"AI 防火员"发出预警的形式有短信、电话通知，以及监控画面弹窗等。南歌介绍，当温度达到 180℃时，系统会短信通知店长、厨房安全生产管理员等；达到 250℃时，系统会自动拨打电话通知。

近些年，随着城市大脑等数字经济的迅猛发展，利用 AI 技术打造的智慧厨房不断涌现，不过多集中在智能厨具等领域，即通过 App 调控厨具运行，安全领域探索甚少。盒马作为餐饮和超市一体的新零售探索者，一直在探索用更高效的方式提高门店的安全运营系数。盒马运营专家铭灏表示，这套系统能提前预警火情，解决餐饮行业厨房失火发现滞后的问题，大大降低安全隐患，未来将在全国盒马门店推广。

据介绍，AI 安全厨房背后是阿里安全图灵实验室推出的安全 AI 技术体系，它倡导在安全场景中孕育出更强大的 AI，进而推动 AI 技术的持续进化。南歌说："除在餐饮行业可使用外，'AI 防火员'还可在小区电瓶车集中充电场、供电所、机房等场景应用，及时预警，防止火情的发生。"

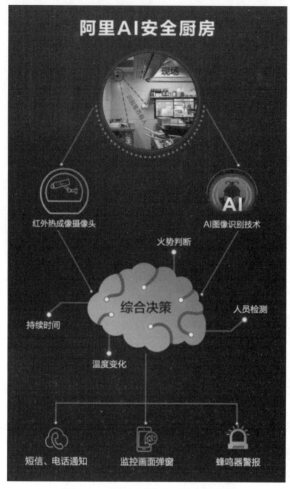

图 7-6　阿里 AI 安全厨房示意图

思考：

你认为 AI 安全厨房的开发者在开发安全 AI 技术体系时需要注意哪些法律问题？

项目八

新零售与人工智能应用

【学习目标】

➤ 熟悉人工智能的定义和类型

➤ 了解人工智能在新零售营销中的应用

➤ 了解人工智能在新零售交易管理中的应用

➤ 了解人工智能在新零售客户服务中的应用

➤ 了解人工智能在新零售仓储物流中的应用

➤ 具备常见 AI 工具的使用能力

➤ 具备为新零售业务场景选择人工智能应用的能力

【素养目标】

➤ 具有持续学习意识与自我提升的能力

视频自学 1

视频自学 2

【思维导图】

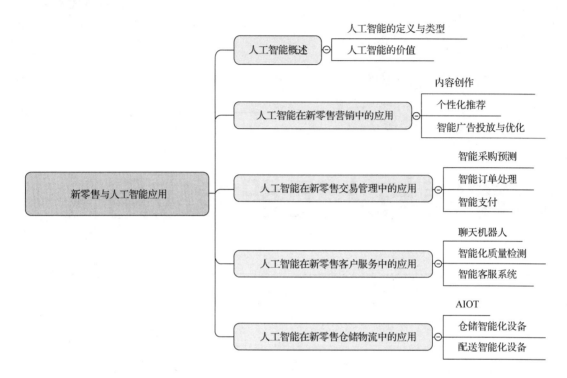

【案例导入】

沃尔玛使用 ChatGPT 应用探索未来 AI 在新零售领域的可能性

作为电商零售领域后起之秀的沃尔玛（Walmart），使用了一款名为 ChatGPT 的生成式 AI 产品。通过自身海量数据与第三方大语言模型微调，该产品可以根据文本提示自动生成购物建议、搜索建议和评论摘要，为顾客打造全新的购物体验。

1. 购物助手

购物助手能够根据顾客的提问，提供个性化的购物建议，并列举相关产品的详细信息，为顾客提供了一个具有互动性和对话性的购物体验场景。例如，顾客想给2岁婴儿买奶粉，AI 首先会列出购买婴儿奶粉的各种注意事项，随后会将平台中符合标准的产品罗列出来。顾客还可以根据单一产品进行深度询问，极大地节省了购物时间，提升了购物的便利性和个性化体验。

2. 搜索助手

顾客在搜索栏输入问题后，搜索助手会生成一个与查询产品相关的商品列表，顾客就不用再大量单独地输入搜索内容，可以节省时间。例如，顾客输入"想要举办一个节日派对"，AI 就会直接同步完成对彩带、气球、纸巾、餐盘、食品、饮料等产品的搜索，同样支持多轮深度连续发问。

3. 评论助手

评论助手可以查看产品过往的体验评论。例如，顾客想购买一款手机，AI 既可以快速筛选出产品的优质特性，同时也可以将长评论浓缩为简洁的摘要，帮助顾客更好地了解产品的特点，从而做出购物决策。

除此之外，沃尔玛还公布了其他一些基于 AI 技术的新功能。沃尔玛相信，这些新功能可以满足不同顾客的兴趣与需要。例如，语音购物，为顾客提供语音免提的购物体验；室内设计助手，将 AR 与 AI 结合，为顾客提供一种互动式的室内设计体验；虚拟商店，允许顾客在虚拟环境中购买实体商品。

沃尔玛生成式 AI 的推出是零售业迈向智能化的重要一步。它不仅将提升沃尔玛的竞争力，还将为顾客带来更好的购物体验。

思考： 沃尔玛生成式 AI 的推出有什么意义？

8.1　人工智能概述

在 21 世纪的数字化浪潮中，人工智能技术的迅猛发展正重塑着人们生活和工作的方方面面。从医疗健康到金融服务，从制造业到教育领域，人工智能的应用几乎已经渗透了社会的每一个角落。在这股变革的洪流中，零售业作为连接生产与消费的桥梁，其变革尤为引人注目。零售业不仅关乎商品的流通，更是现代经济活力的重要体现。随着人工智能技术的不断进步，零售业正经历一场前所未有的转型改变。谈及人工智能在新零售中的作用，就需要先对人工智能技术进行追根溯源。

8.1.1　人工智能的定义与类型

1. 人工智能的定义

人工智能（Artificial Intelligence，AI）是指机器/计算机模仿人类思考和做出决策的方式。通俗来讲，就是人类制造的机器借助传感器等器件对外部环境进行感知，像人类通过感官（听觉、视觉、嗅觉、触觉等）接收来自环境的各种信息一样，对外界输入产生反应，实现人类与机器间的交互，从而使机器具备人类的一些智力和能力特征，能够做一些过去只有人类才能胜任的工作。简言之，人工智能（AI）就是人类般的智能，由人类在机器人（或机器、计算机）中创造。

2. 人工智能的类型

人工智能可以基于能力和基于功能划分。

（1）基于能力划分的人工智能

基于能力，人工智能可以分为狭义人工智能、通用人工智能和超级人工智能。

① 狭义人工智能。也被称为弱人工智能，指为特定任务或一小组任务而设计和训练的人工智能系统。狭义人工智能专注于出色地执行单一任务，但其功能不能超越其领域或限制。迄今为止，几乎所有基于人工智能的系统都属于狭义人工智能范畴。

② 通用人工智能。也称强人工智能或人工通用智能（Artificial General Intelligence，AGI），可以理解和学习人类能够进行的任何智力任务。它能够理解、学习并在广泛的任务中应用知识，且智力水平相当于人类智能。目前还不存在可以归入通用人工智能类别的系统，也没有系统能像人类一样完美地执行任何任务，创建通用人工智能系统面临重大的科学和技术挑战。

③ 超级人工智能。代表系统智能达到一种程度，其中机器有潜力超越人类智能，在任务执行和认知能力方面胜过人类。超级人工智能是人工智能的一个假设性概念。在现实世界中开发这样的系统，仍然是改变世界的任务。

（2）基于功能划分的人工智能

基于功能，人工智能可以分为反应型机器人工智能、有限记忆人工智能、心智理论人工智能和自我意识人工智能。

① 反应型机器人工智能。这是一种没有记忆的人工智能系统，系统仅基于当前数据运作，只考虑当前情况。它能执行一系列预定义的任务。简而言之，反应型机器人工智能是不存储记忆或过去经验以用于未来行动的人工智能系统，它只关注当前情景，并根据可能的最佳行动做出反应。

② 有限记忆人工智能。这类人工智能可以通过查看其存储在临时记忆中的过去经历做出更明智和有改进的决策。这种人工智能不会永远记住一切，但它可以使用短期记忆从过去学习，并为未来做出更好的决策。

③ 心智理论人工智能。目前仅是一种理论类型的人工智能，旨在通过检测情绪、辨别信念和映射思维过程深入了解人类的需求。

④ 自我意识人工智能。这也是一种理论类型的人工智能，此类人工智能能够形成关于自身的表述并具备自我意识。目前，该类型尚不存在。

3. 人工智能应用实例

人工智能目前在各行各业都有广泛的应用。在金融领域，人工智能被用于数据分析、风险管理、智能投资等方面；在医疗领域，人工智能被用于诊断、治疗、药物研发等方面；在制造业，人工智能被用于协助生产、优化供应链、提高效率等方面；在零售业，人工智能被用于个性化推荐、智能客服、库存管理等方面；在交通领域，人工智能被用于交通预测、智能交通管制、自动驾驶等方面。可以说，人工智能已经深入各个行业，并且正在持续发挥重要作用。与日常生活、工作相关的一些人工智能工具如表8-1所示。

表8-1　人工智能工具

序号	工具	解释
1	虚拟助手	例如 Siri、Alexa 等虚拟助手，它们可以回答问题、播放用户最喜欢的曲调，甚至控制用户的智能家居设备
2	社交媒体算法	以抖音为例，社交媒体算法会使用人工智能分析用户的观看习惯，为用户提供个性化推荐
3	在线购物推荐	在网上购物时，人工智能算法会检查用户的偏好、过去的选择，为用户推荐量身定制的商品
4	预测文本和自动纠错	用户在使用手机时，手机系统可以推测用户下一个要输入的文本并及时纠正可能的输入错误
5	语言翻译服务	例如谷歌翻译，使用人工智能算法驱动语言翻译服务。该功能有助于人类跨越语言障碍，使世界不同地区的交流变得更加容易

8.1.2　人工智能的价值

新零售与人工智能的结合正在重塑零售行业的未来。人工智能不再局限于实验室或者遥远的未来，而是借助新零售行业真正融入日常生活，成为生活中不可或缺的一部分，默默地让人们的生活变得更加美好。人工智能对新零售的意义具体体现在以下几个方面。

1. 提高经营效率

人工智能技术可以帮助企业降低运营成本，提高经营效率。在招聘环节，AI技术可以辅助人力资源管理部门快速识别合适的人才；在决策环节，企业可以通过智能分析和决策支持系统精准预测客户需求；在库存环节，利用人工智能对用户需求进行精准预测，企业可以优化库存管理，减少商品过剩或缺货的情况；在定价环节，企业可以利用AI技术优化定价和控制成本，以保证自身支出的合理性；在运营环节，企业能够通过人工智能的个性化推荐，准确定位目标客户；在销售环节，企业采用升级的智能化客服，可以实时响应客户问题；在风险管控环节，AI技术还能通过优化系统的稳定性和可靠性提前预警潜在的问题，以确保企业运营顺畅进行。

例如，企业在客户服务方面可以采用AI客服替代传统客服，通过语音识别和自然语言处理技术，为客户提供24h不间断的服务，降低人力成本，同时保证服务质量，从而提高经营效率。

2. 提升消费体验

在新零售行业，客户体验是决定品牌忠诚度和销售额的关键因素。人工智能对客户消费体验的影响主要体现在以下四个方面。一是通过AI技术快速匹配客户偏好，提供定制化、个性化服务；二是借助人工智能实现更真实、更方便的场景体验；三是通过芯片和智能算法，与客户进行直接交流，契合客户的情感需求；四是利用人工智能对原有基础技术进行升级，更高效地满足客户的基础需要。

例如，利用增强现实（Augmented Reality，AR）技术，新零售可以实现虚拟试衣间（见图8-1），让客户在线上试穿衣服，看到适合自己的款式和尺寸，从而提升购物体验和决策效率。

图8-1　AR虚拟试衣间示意图

3. 创新服务和商业模式

人工智能技术的发展推动了新零售行业商业模式的变革，无人零售等多样化的销售形式开始涌现，无人便利店、无人货架、智能货柜等一系列无人零售业态正逐渐走进客户的生活。利用人工智能技术生成的智能化货架可以实现取货与支付的自动化。例如 Amazon Go 无人便利店（见图 8-2），既没有销售员，也没有收银员，客户可以直接拿走商品而无须排队结账，系统会自动记录并完成支付过程。这不仅提高了客户满意度，也增加了销售机会。

图 8-2　Amazon Go 无人便利店

总之，人工智能在新零售领域的应用不断扩展，从前端的客户体验到后端的库存管理，以及整体供应链优化，人工智能在提高经营效率、客户满意度方面发挥着越来越重要的作用。随着技术的不断进步，未来的零售体验将更加智能、便捷和个性化。

8.2　人工智能在新零售营销中的应用

在数字化时代，人工智能已经成为企业营销策略的重要组成部分。人工智能技术的快速发展不仅为企业提供了更高效、更精准的营销方式，也为企业的营销获客带来前所未有的创新思路。人工智能技术能够贯穿于营销的各个环节，从用户画像、精准推荐、内容创作到数据分析，都发挥重要作用。国内外各大品牌方、互联网平台纷纷入局人工智能，利用人工智能技术开展营销活动。

8.2.1　内容创作

营销创意是影响新零售营销效果的重要因素之一，但创意生成是一个耗时、耗力的过程，而且往往受限于人的想象力和经验，人工智能能够通过强大的算法辅助营销创意生成，提高新零售企业营销创意的多样性、质量和效率。在文案创作方面，人工智能可以通过自然语言处理和机器学习算法生成吸引人的文案；在海报制作方面，人工智能可以基于图像识别技术生成吸引人的设计元素，从而帮助设计师快速创建引人注目的海报。

内容创作离不开工具的应用，如文案创作工具 ChatGPT、Kimi 智能助手和海报创作工具 Midjourny，以及视频创作工具一帧秒创。

1. ChatGPT

ChatGPT（图标见图 8-3）是人工智能研究实验室 OpenAI 新推出的一种人工智能技术驱动的自然语言处理工具，拥有语言理解和文本生成能力，尤其会通过连接大量的语料库训练模型。这些语料库包含了真实世界中的对话，使得 ChatGPT 具备上知天文、下知地理，还能根据聊天的上下文进行互动的能力，实现与真正的人类几乎无异的聊天场景。

ChatGPT 不仅是聊天机器人，还能完成撰写邮件、视频脚本、文案、代码等任务。用户只需要找到对应的写作风格，然后根据提示输入文章主题或者关键词即可生成想要的内容。

图 8-3 ChatGPT 图标

2. Kimi 智能助手

Kimi 智能助手是月之暗面旗下基于自研千亿参数大模型打造的对话式 AI 助手产品，于 2023 年 10 月正式发布，其界面如图 8-4 所示。Kimi 智能助手能够处理大量的输入信息，支持最多 200 万字的输入和输出；具备访问互联网的能力，可以结合搜索结果为用户提供更加丰富和准确的回答，帮助用户获取最新的信息和数据；具备多语言对话能力，尤其擅长中文对话。用户可以将 TXT、PDF、Word 文档、PPT 幻灯片、Excel 电子表格等文件发送给 Kimi，然后 Kimi 便能够阅读这些文件内容并为用户提供回复。

图 8-4 Kimi 智能助手界面

3. Midjourney

Midjourney 是一个由 Midjourney 研究实验室开发的人工智能程序，可以根据文本生成图像，使用者可通过 Discord 机器人指令进行操作，从而创作很多图像作品。用户只需输入简单的文字描述，Midjourney 就能够将这些语义信息转换为视觉元素。同时，Midjourney 还具有图像修改功能，如果对第一次生成的效果不满意，可以直接修改语言描述再生成并调整到理想状态。例如，通过"有一顶草帽的非常惹人喜爱的女孩，长头发，大眼睛，旅行背包，五颜六色的花，自然背景，太阳光，高细节"等关键词描述，Midjourney 可以完成对图 8-5 所示的图像的绘制。

图 8-5　Midjourney 生成的图像

4．一帧秒创（秒创）

作为一款智能 AI 内容生成平台，一帧秒创的创作工具包括 AI 数字人、AI 帮写、AI 视频、AI 作画等，其平台界面如图 8-6 所示。一帧秒创可通过语义视觉理解与匹配技术，自动分析文案含义，实现视频和视频文案的完全适配，能将百家号、公众号、头条号、搜狐号、新浪微博、小红书等文章一键转视频。此外，该平台的 AI 智能配音技术，可以实现输入文本自动完成配音，囊括全网热门声音类型。

图 8-6　一帧秒创平台界面

行业联动

王老吉：AI 国风定制罐

　　2023 年 5 月 10 日，王老吉以"中国风"为主题，推出饮料行业首批由 AI 自主设计的产品。AI 以笔墨为基，结合春夏秋冬的四季概念，以及山水、林木、飞鸟等传统国风元素，快速整合多个包装设计，经设计团队评估，有四款得以保留落地，包括"千里江山罐""山溪月色罐""登高望秋罐""青松凌云罐"，如图 8-7 所示。

图 8-7　王老吉 AI 定制罐

　　王老吉借助 AI 技术创新包装，一改之前喜庆的大红色调，尽显淡雅国风韵味。新包装将 AI 与"中国风"元素融合，赋予了产品独特的灵魂，而"中国风"设计也成了大众讨论的焦点。

　　王老吉率先抓住 AI 设计的风潮，搭乘国潮消费观念的东风，其大胆尝试、勇于创新的精神值得企业学习。王老吉红罐在长期的积累中形成了经典的视觉符号，并深深植入消费者的脑海中，而此次王老吉抓住了新风尚的设计，给人耳目一新之感，为品牌赢得了市场热度，更为品牌带来了声量。

　　课堂讨论： 通过本案例你受到什么启发？

8.2.2　个性化推荐

　　在新零售行业中，个性化营销是提高转化率和增强用户忠诚度的关键策略。人工智能技术通过深入分析用户数据，使得零售商能够为用户提供更加个性化的购物体验和营销活动。

1. 个性化推荐定义

个性化推荐是通过分析用户的历史行为、偏好和兴趣，以预测用户可能喜欢的商品或内容，并将这些个性化的推荐呈现给用户。这包括各种数据来源，例如用户的搜索历史、浏览记录、购买行为等。

2. 个性化推荐原理

通过机器学习和数据分析技术，人工智能能够从用户的购买历史、浏览行为、搜索偏好，以及社交媒体互动中提取有价值的信息。这些数据被用来构建详细的用户画像，从而实现精准营销。人工智能可以识别出对特定类型的产品感兴趣的用户，然后向他们推送相关的产品信息或优惠，具体步骤如下。

（1）数据收集。收集用户的历史数据，将其作为模型训练的基础，帮助模型理解用户的兴趣。

（2）特征提取。从收集的数据中提取有代表性的特征，包括用户的地理位置、购买频次、浏览时段等。

（3）建立模型。使用机器学习算法建立个性化推荐模型。这些算法通过分析用户和商品之间的关系，以便预测用户可能感兴趣的内容。

（4）模型训练。使用历史数据对建立的模型进行训练。模型通过学习用户的行为模式和商品的特征来不断优化自己。

（5）生成推荐。当用户访问平台时，推荐系统根据用户的特征和模型预测生成个性化的推荐列表。这些推荐可以是相关的产品信息或优惠等。

行业联动 ⌄

大众点评：内容搜索算法优化的探索与实践

大众点评是中国最大的用户点评平台之一。依托美团在本地生活服务领域深耕多年的市场积累，大众点评在帮助用户完成交易的同时，积累了丰富的图文视频内容供给，这也为实现对用户的个性化推荐提供了内容支持。

在进行内容推荐的过程中，平台既要拉动内容消费指标，又要兼顾搜索满意度；同时，内容供给量级大且更新频繁，会导致用户行为分散，单篇内容较难获取足够的用户行为数据。

针对以上问题，大众点评对内容搜索算法进行了优化。为了测定用户满意度，平台通过自动化标注，首先分析用户当前意图，再结合搜索意图和结果等信息，从多个维度对用户进行分析，最终综合判定当前搜索结果对需求的满足程度。为解决用户数据供给量大、用户分散的问题，大众点评设置显式标签和隐式表征两部分工作，结合实际场景特点，自研多模态预训练模型，并结合自监督对比学习训练范式、掩码学习、图文匹配等进行优化，提升跨模态交互效果。

课堂讨论：有人认为个性化推荐在提高信息搜索效率的同时也打造出了一个"信息茧房"，请谈谈你的看法。

8.2.3 智能广告投放与优化

人工智能技术深入新零售广告运作的全流程环节，颠覆了传统广告在消费者洞察、广告创作、广告效果等环节上靠人力劳动和经验智慧驱动的运作方式。企业可以采用人工智能技术赋能广告投放，对消费者行为和诉求进行深度理解与匹配，以完成"智能定向—智能出价—智能创意—智能优化"全流程智能化投放。企业还可以借助大数据和算法完成智能竞价、精准化拓量、稳控成本等策略，从而实现前期自动探量、中期智能盯盘、长期稳定获客，提升营销广告的定向精准性和投放效果。随着深度整合人工智能技术，智能广告投放将有以下三个方面的提升。

1. 加强稳控成本

通过结合 AI 模型对数据的精准调控能力，升级系统模型对投放成本的前期预估准确性，提升对成本的整体掌控感知能力，缩短成本调控周期。例如，时尚零售商 ZARA 利用人工智能技术分析社交媒体趋势，预测哪些款式可能会流行，从而向市场精准投放新潮的商品广告，不仅吸引了年轻消费者，还降低了因反复修改广告投放带来的成本。

2. 全局智能投放调控

通过对智能化投放策略的迭代升级，提升智能策略在全局预算和出价择优分配上的调控逻辑及自主能动性，为企业进一步优化定向拓量的精准性，探索更低成本且更大转化的可能性。人工智能还可以根据消费者的历史购买数据和当前市场趋势，为消费者推荐最合适的促销活动。这种个性化广告和促销策略不仅提升了广告的有效性，也增加了消费者的购买意愿。

3. 智能化投放诊断

人工智能可以提供闭环诊断分析，产出投放优化方案，深层次改善投放效果。通过分析消费者的在线行为，人工智能可以实时调整广告内容，以确保广告与消费者的兴趣和需求高度匹配。例如，亚马逊使用人工智能技术，从相关性和时效性两个方面分析消费者对投放广告的满意度，从而改进产品或服务的投放策略。

行业联动

百度营销：信息流 AI 投放

由于广告投放优化师习惯创建大量重复基建以获取流量，大多数企业在营销过程中忽略了对素材优质度的把关及预算的分配，进而导致"跑量难"的问题较为突出。同时，由于企业营销仍以计划或单元层级出价为主，分散的投放不可避免地会加剧内部竞争，容易出现转化稀疏的情况，进而导致模型调控不稳定，"成本波动大"的现状依旧存在。

针对上述市场现状，百度营销创新推出了信息流智投项目"AI 投放"模式，支持客户提高投放效率和转化效果，再次引领智能投放行业发展新趋势。其中，信息流智投项目"AI 投放"模式中的"自动分配素材预算"应对方案可有效解决企业"跑量难"的问题，帮助企业获客更多；"上移项目层级控成本"应对方案可助力企业解决"成本波动大"的难题，使投放更稳。同时，通过将多"计划"打包为"项目"，无须为计划/单元单独设置转化目标和成本，简化创编，人效更高。通过三大应对方案，企业能够以更少的人力及更稳定的成本获取更多符合考核预期的转化量。

从"纯手动投放"到"全链路 AI 化投放"，百度智能投放持续演进，通过一次次迭代升级，用实际行动证明了自身支持客户"效率效果"双效提升的定位。

课堂讨论： 信息流 AI 投放会给行业带来哪些影响？

8.3 人工智能在新零售交易管理中的应用

人工智能的发展深刻地改变了新零售企业的价值链。一是通过数智化转型，加强了新零售交易过程中的自动化程度，极大地赋予了价值链条之间自动化执行的能力；二是借助对 AI 的深度应用，对新零售业务场景进行全新变革，将大数据决策贯通整个价值链条，加强了深度协同。人工智能以全新的业务模式提升了新零售价值链条的整体效能，为管理成本做"减法"，为经营效率和效益做"加法"。

8.3.1 智能采购预测

随着人工智能大模型的突破和生成式人工智能的兴起，人工智能正从单点应用向多元化应用、从通用场景向行业特定场景不断深入，加速迈向全面应用新阶段。人工智能采购领域的应用包括需求预测、供应商选择、优化采购流程、质量控制、供应链管理等方面。

1. 需求预测

人工智能技术可以通过数据分析预测市场需求和原材料需求。这可以帮助企业准确地计划采购量，避免库存过多或缺乏足够原材料的情况出现。基于历史销售数据、天气趋势、季节性变化和其他相关因素，通过人工智能技术进行的需求预测可以更准确、更快速，从而减少不必要的成本。

2. 供应商选择

人工智能技术可以帮助企业评估和选择更具有成本效益的供应商。通过分析供应商的历史报价、质量、交货时间和可持续性等因素，人工智能技术可以帮助企业确定合作对象。此外，人工智能技术还可以比较不同供应商之间的报价，从而帮助企业更好地议价和谈判。

3. 优化采购流程

人工智能技术可以通过分析和优化采购流程降低成本。这包括缩短采购周期、减少处理订单所需的时间和降低运输成本等。人工智能技术还可以帮助企业确定最佳的采购策略。例如，批量采购、定期采购等。通过优化采购流程，企业可以减少对人力和物力资源的使用，从而降低成本。

4. 质量控制

人工智能技术可以帮助企业对原材料质量进行控制，从而确保采购的原材料符合要求。人工智能技术可以通过分析原材料的图像与数据检测缺陷和问题。例如，杂质、颜色、质地等。通过人工智能技术进行的质量控制可以更快速、更准确，从而避免浪费和成本增加。

5. 供应链管理

人工智能技术可以帮助企业优化供应链管理，从而降低成本。人工智能技术可以跟踪库存水平、订单状态和运输信息，帮助企业更好地管理原材料采购和产品交付。通过人工智能技术进行的供应链管理可以减少时间和成本损失，提高效率。

综上所述，企业通过利用人工智能技术，可以节约原材料采购成本，提高效率和降低成本。同时，企业可以更好地管理采购过程、优化供应链、控制质量和提高效率，从而实现可持续经营和增加利润。

8.3.2 智能订单处理

智能订单处理是新零售商城系统中非常重要的一环，涉及用户支付、发货等环节。由于传统的手工操作方式已无法满足用户日益增长的服务需求和对数据安全及精准度的要求，因此引入人工智能技术驱动的智能订单处理系统已成为行业发展的必然趋势。

1. 实时、精准的信息处理能力

通过机器学习和自然语言处理等先进技术，智能订单处理系统能够自动识别并快速处理各类订单信息，如商品编码、规格型号、数量等，并实时更新库存状况和物流状态。这不仅显著提高了订单处理速度，还有效降低了人为错误率，保障了销售服务的准确性和及时性。

2. 高效的供应链协同

人工智能技术驱动的智能订单处理系统可打破新零售企业内部以及上下游合作伙伴之间的信息壁垒，实现供应链各环节的数据共享与透明化管理。这有助于企业更好地优化资源配置、缩短交货周期、降低运营成本，同时还能提高与供应商的合作信任度和满意度。

3. 数据驱动的决策支持

基于智能订单处理系统对海量订单数据的智能分析，新零售企业可以深入洞察市场动态、用户行为及竞争格局等多方面信息，为管理层制定战略决策提供有力依据。同时，智能订单处理系统通过对异常订单及潜在风险点的实时监测预警，还可有效避免各类经营风险，从而保障企业运营的持续稳定发展。

脉购健康管理系统：AI 重塑医疗健康领域未来

医疗健康领域的业务流程繁杂且精细，从药品采购到医疗器械订购，再到患者检验报告的处理，每一个环节都涉及大量的信息交互与订单处理。在当今数字化的时代，医疗健康领域正经历着前所未有的变革，传统的手工操作方式逐渐被替代，AI 驱动的智能订单处理系统正在引领这场创新风暴。

脉购 CRM 健康管理系统借助 AI 实现了智能患者关系管理、健康管理系统、慢病管理系统、健康管理软件、体检预约、体检商城等多项功能。在全球范围内，已有不少医疗机构率先尝试并将此项 AI 驱动的智能订单处理系统融入日常业务。例如，美国某大型连锁药店在采用该系统后，实现了订单处理时间由原来的数小时缩减至分钟级，同时减少了近 30%的差错率和库存积压，大幅提高了整体运营效率和客户服务水平。

面对 AI 驱动的智能订单处理系统带来的变革机遇，医疗健康领域应积极拥抱并充分利用这项前沿技术，推动产业迈向更高水平的发展阶段。在不久的将来，这一创新技术将在全球范围内被广泛普及，为医疗健康领域创造更多价值，让更多人享受更加优质、高效、个性化的医疗服务。

课堂讨论： 脉购健康管理系统能为企业经营带来哪些影响？

8.3.3 智能支付

在新零售中，平台管理商家，商家管理货物，用户通过平台下单，这一切的交易都需要钱的参与。而在其中将三方串联起来的，正是支付。用户下单，此时只是一个临时单据，用户不付钱，平台不会通知商家发货，用户支付完成后，平台通知商家发货并减少库存。商家发货后，用户收货，平台将对应的金额结算给商家。而其中，平台也会分走一部分利润。由此可见，钱的流转涉及每一个环节，支付也不单是用户付款，而是整个流程。

当前智能支付的方式有很多，不同的场景或人群有不同适用的智能支付方式，如表 8-2 所示。

表8-2　智能支付方式

名称	优点	适用对象	图片
云打印机	● 即时播报，防抹零 ● 播报收款后自动打印收款小票	餐饮小店、便利店等	

续表

名称	优点	适用对象	图片
智慧收银系统	● 门店管货、对账、门店进销存管理 ● 简单，易上手 ● 智慧零售、智慧餐饮、智慧美业等系统 ● 连接收银秤等多种硬件 ● 线上线下一体	商超、餐饮、便利、生鲜水果、美业、母婴、服装等线下店铺	
AI识别收银秤	● AI自动识别商品，识别速度快 ● 使用方便，集称重、收银、打印于一体 ● 商品秤重一体化 ● 降低人工成本 ● 线上线下一体化	水果店、蔬菜店、超市等称重行业	
刷脸支付	● 扫商品条形码 ● 刷脸收款 ● 扫付款码收款 ● 选择商品点单 ● 输金额收款	零售商超、餐饮、医疗等生活场所	
自助收银机	● 提供自助收款 ● 提高效率，收银防损 ● 商超进销存ERP、营销、会员 ● 与收银秤、收银机小程序数据实时同步	商超、百货、连锁便利店、无人零售店等	

8.4 人工智能在新零售客户服务中的应用

当前，零售电商行业已经从过去的高增长时代进入存量博弈时代，产品与服务的差异化显得越发重要。特别是随着体验经济的来临，消费者对服务质量的要求日益提高。新的时代给行业的营销服务带来了严峻的挑战。为了破局新时代，零售电商企业纷纷尝试人工智能技术，对营销服务进行创新应用。在需求的驱动下，云计算、大数据、人工智能等技术应用不断成熟，在消费者体验、客服效率和管理运营等维度均有不错的落地成果，可以帮助企业更好地了解消费者需求，显著降低运营成本，进而提升业绩表现。人工智能为新零售的客户服务添砖加瓦。

8.4.1 聊天机器人

聊天机器人是一个在线聊天系统，是通过理解聊天对象的语句，然后自动做出相应应答的一款软件，可以模仿真人进行聊天，回答一些简单的提问。目前，聊天机器人被广泛应用于新零售客户服务中。其具体优势体现在以下几个方面。

1. 7×24h 在线接待

全天候服务的同时支持"秒回"，让客户告别排队，通过机器人多轮识别、多意图识别、知识图谱的能力独立解决问题，降低客服压力，节省人工客服成本。

2. 智能触发自动转人工

支持未知问题、情绪识别（焦急、消极、生气）、命中关键词等多场景转人工策略，让机器人帮助企业在提效的同时精准识别需要人工介入的场景，为客户提供更有温度的服务，从而提升转化率。

3. 智能推荐

快速推荐高频问题，既可以提高客户的满意度，也能减轻客服人员的工作负担，打造更加高效、便捷的客户服务。

行业联动

智齿科技第二代智能客服机器人上线

智齿科技第二代智能客服机器人是以问题解决为导向，匹配多种业务场景的客服机器人。它能够节省人力成本，大幅提高人工客服效率。

1. 机器人独立解决常见问题

第一，服务不离线，独立接待：10多年语料积累、40多个行业数据锤炼、2800多万寒暄库、数10人线下团队人工不断优化……让客服机器人高效独立地完成客户接待。第二，服务不离线：客服机器人7×24h待命，客户随时享受智能服务。

2. 机器人辅助人工，大幅提高人工客服效率

第一，智能辅助：人工客服接待时，机器人自动匹配知识库问题辅助回答，让回答更快速，答案更标准。第二，忙时接管：人工客服忙时机器人主动接管，第一时间接待客户。

3. 5min配置+自主学习，知识库维护简单

第一，便捷添加：摒弃传统语法模型，采用自然语言方式添加知识库，并支持一键批量导入。第二，机器学习：应用深度学习技术，客服机器人自主学习客户问题，并进入知识库自动更新维护。第三，智能优化：机器人自动判断重复性问题，并自动优化知识库。

课堂讨论：智齿科技第二代智能客服机器人有什么特点？

8.4.2 智能化质量检测

智能化质量检测是基于机器学习、图像识别、语义理解等多种技术手段，对产品或服务进行自动化检测与评估的智能质检系统。

在传统零售业中，客服的质检工作通常由人工负责，新零售行业可以选用人工智能取代人工质检。构建全程化任务，对问题精准录音，将质检专员从日常繁杂、反复的监听录音中解放出来，转变为进行质检标准制定、人工智能训练等工作。此外，管理人员还可以通过系统生成的质量检测报告快速了解呼叫中心的整体水平和各座席的话务质量。

将人工智能运用于呼叫中心客服系统后，可以构建智能语音导航、智能话务、工单管理、智能质检等功能。协助客服人员高效解决客户需求，迅速提升个人服务技能，让客户体验更全面的服务，增强自助服务，减少人力资源、时间成本。

8.4.3 智能客服系统

新零售智能客服系统是一种结合了人工智能技术和大数据分析的客户服务解决方案，旨在通过提供智能化的服务提升消费者体验，并通过数据驱动的方式帮助企业开展精细化运营。

1. 技术驱动的服务体验

智能客服系统利用人工智能、大数据等前沿技术，实现了客户服务的智能化升级。通过智能问答、语音识别和自然语言处理等功能，智能客服系统能够快速准确地回答消费者的问题，并为消费者提供个性化的服务建议。这种技术的应用不仅提升了消费者体验，还显著提高了企业的服务效率。

2. 数据驱动的运营优化

智能客服系统在提供服务的同时，还能收集大量的消费者数据。企业可以通过分析这些数据深入了解消费者的需求和行为特征，从而为产品研发和营销策略的制定提供有力的数据支持。基于数据的精细化运营有助于企业更好地满足消费者需求，提高市场竞争力。

3. 实时监控与预警机制

智能客服系统具备实时监控功能，能够帮助企业及时发现服务中的问题和瓶颈。通过预警机制，企业可以提前预防潜在风险，快速应对市场变化，从而保持服务质量和消费者满意度。

4. 全流程、全维度、全场景的视角

在新零售时代，智能客服系统不仅是一个简单的问答系统，还覆盖了全流程、全维度、全场景的每一个环节。这意味着从消费者的第一触点到整个购买流程，再到售后服务，智能客服系统都能够为其提供支持和服务。客服部门因此成为企业的价值中心和体验中心，推动组织的进化和发展。

总体来说，新零售智能客服系统代表了一种将传统零售与现代信息技术深度融合的趋势，可提供更加智能化和个性化的服务。

8.5 人工智能在新零售仓储物流中的应用

随着科技的不断发展和应用，自动化物流已成为现代物流业的重要趋势。人工智能技术的应用正在推动物流行业转型升级，并带来了效率提高和成本降低等多重好处。

8.5.1 AIOT

1. AIOT 的定义

AIOT 是指"AI+IOT"（Artificial Intelligence & Internet of Things），也称智联网，指人工智能技术与物联网技术在实际应用中的互相融合。

人工智能（Artificial Intelligence）是计算机科学的一个分支，主要研究如何使用各种算法和技术模拟人类的思维与智能。人工智能技术目前已经得到了广泛应用，例如，语音识别、图像识别、智能推荐等，它们已经离日常生活越来越近。

物联网（Internet of Things）是指连接在一起的物品，这些物品包括各种智能设备。例如，传感器、摄像头、智能音箱等，它们可以通过互联网进行数据传输和信息交换，实现物与物之间的互动与通信。物联网技术已经得到广泛应用，例如智能家居、智慧城市、智能医疗等领域。

AIOT 则是将人工智能技术和物联网技术进行有机结合，实现智能硬件的智能化和网络化。通过 AIOT，智能硬件可以通过互联网进行大规模数据的采集、处理和共享，实现各种智能化的功能和应用。

但必须认识清楚的是：AIOT 不是简单的 AI+IOT，而是将人工智能技术、物联网技术，通过大数据、云计算等基础支撑，以半导体为算法和通信载体，以网络安全技术作为实施保障，从而实现对数据、知识和智能的集成操作与应用，如图 8-8 所示。

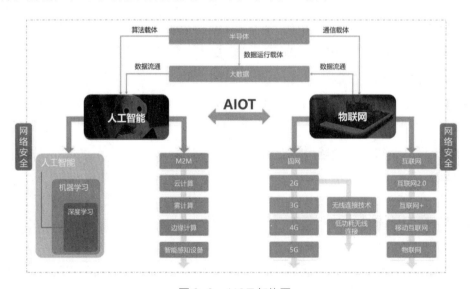

图 8-8　AIOT 架构图

2. AIOT 在物流行业的应用——智慧物流

智慧物流以"互联网+物流"为核心思想，集成物联网、人工智能、大数据、云计算、智能硬件和软件等技术与设备，构建全面智能化的物流综合管理平台。这一平台不仅覆盖物流的包装、运输、仓储、装卸搬运、配送全流程，还可以达成对物流系统数据的采集、智能感知、深入分析和高效处理。通过这样的智能化管理，可以促进物流系统中各个环节间的高效、高质量及低成本协同运作。智慧物流的具体功能如表 8-3 所示。

表 8-3 智慧物流的具体功能

项目	功能	具体内容
智能仓储	智能出入库	融合多种感知技术，如传感器、RFID 技术、条形码等，实现对仓储货物的全面感知、精准定位、快速识别、准确计量、智能分拣和实时监控
	人员管理	融合人脸检测、识别、考勤、门禁，以及人员实时定位、人流量统计等功能，全面管理人员进出、考勤和实时监控，实现少人、无人值守
	车辆管理	建立仓库车辆信息库，安装防冲撞设备于仓库出入口，利用智能摄像头识别车型、车牌，实时比对数据库信息，统计车辆出入情况，并控制车辆通行
	AI 智能监控	平台通过仓库监控摄像头采集的数据与 AI 算法，可识别人、车、物及危险行为，及时预警异常，降低安全隐患，以提升仓储风险防范能力。平台统一管理摄像头设备，实现远程监控与可视化、智能化监管
	环境监测、智能预警协同工作	通过智能传感器实时监测仓库的温度、湿度等环境数据并及时预警；遇到烟火、偷盗等异常情况，立即通过短信、App、微信通知等方式提醒和通知管理人员；通过平板或手机移动端与 PC 端协同工作，处理数据、查看监控和其他仓储管理工作
智能运输	车辆管理与在途监控	对货运车辆的车型、牌号、司机等相关信息进行采集与监管；实时监控车况路况、行车状态与定位等，如遇异常及时告警
	智能告警	采用智能传感技术监测运输中货物所处环境的温度、湿度、光照等情况，数据异常时及时告警
	车辆感知	通过 GIS、GPS、智能传感技术、RFID 技术，及时获知车辆轨迹、实时监控、监测预警等
	智能调度	结合道路数据进行智能路线规划，提高运输效率，降低成本，保障安全
	安全驾驶监测	基于深度学习与 AI 图像识别和处理技术，利用 DSM 摄像头监测司机驾驶行为，若监测到司机疲劳驾驶、打电话等异常行为，立即向平台报警
	智能配送	融合 GPS、物流跟踪及路线优化技术，实现电子化配送流程，智能决策配送，实时显示配送路线，导航跟踪配送车辆，查询显示配送信息
数据融合管理	数据融合	通过 AI 算法、大数据、物联网等技术，将物流各节点连接，促进模块间互联互通，实现可视化物流管理、智能高效的物流配送、数字化的供应链管理等
	数据可视化	可视化展示和处理各项数据，让管理者清晰、快速地掌握各项物流信息
	多维度统计	自动采集、统计与分析仓储管理、人员考勤、车队管理、运输监管等关键数据
	全面监管	集中监管分散的物流数据，实现运营一体化的、全方位的精细化与智能化物流管理
	移动端协同	通过 PC 端与平板、智能手机等移动端协同操作，从而实现物流各环节的工作协同与流程管理、数据互联互通

8.5.2　仓储智能化设备

部署仓储智能化设备是提高仓储管理效率的重要举措之一，仓储智能化设备包括无人仓、穿戴拣选设备、装卸机械手等。

1. 无人仓

无人仓由货架、巷道式堆垛起重机、操作控制系统等部分组成。钢结构的货架内是标准尺寸的货位空间，巷道式堆垛起重机穿行于货架之间的巷道中，主要负责存、取货工作。操作控制系统采用计算机及条形码技术，图8-9和图8-10为京东无人仓工作现场的照片。

图8-9　京东无人仓

图8-10　京东无人仓机器人拣货

穿梭车是无人仓智能机器人的一种（见图8-11），能实现自动取货、运送、放置等任务，可与上位机或仓储管理系统（Warehouse Management System，WMS）进行通信，具备了自动化识别、存取等功能。

2. 穿戴拣选设备

穿戴拣选是新兴的无线拣货技术，由语音拣选代替了传统的纸质拣选单（见图8-12），将设备穿戴在身上，极大地提高了拣选效率。工作人员解放双手、解放双眼，使得生产力大幅提升，同时因采用人机自然对话的方式，企业无须对工作人员进行大量培训。

图8-11　穿梭车

图8-12　穿戴拣选

3. 装卸机械手

装卸机械手可以对自动化机械手的位置、行程、速度、压力、流量等进行检测并反馈给控制系统。装卸机械手的优点在于装卸产品量大、自动化程度高、运动速度快，极大地提高了装卸过程中的工作效率，如图 8-13 所示。

图 8-13　装卸机械手工作现场

8.5.3　配送智能化设备

智能机器人分拣货物、智能快递柜的使用能提高物流效率，能降低对快递人员的依赖。同时，智能机器人还可以跟踪物流信息、调整运输路线、预测物流配送时间。另外，无人机、无人监控智能投递系统还能减少对能源的消耗，既环保又安全。

1. 无人机快递

无人机快递通过利用无线电遥控设备和自备的程序控制装置操纵无人驾驶的低空飞行器运载包裹，将货物自动送达目的地，图 8-14 所示为京东的无人机送货照片。无人机快递能够解决偏远地区的货物配送问题，有利于提高配送效率、降低人力成本，但也存在一定问题，例如恶劣天气会影响其工作效率等。因此，大规模使用无人机快递尚需要克服更多的问题。

图 8-14　无人机送货

2. 配送机器人

配送机器人进行货物配送时，会根据送货地址生成合理的配送路线。在配送途中，配送机器人还可以自动避让车辆、绕开障碍物，安全地将货物配送至客户收货地址。同时，配送机器人在到达停靠点后，还会向客户发送收货通知，客户可通过验证或人脸识别开箱取货。

行业联动

快递实现无接触配送：京东物流配送机器人

2023年京东"双11"落幕，创纪录的订单峰值如约而至。这一年"双11"，消费者可以享受京东物流更卓越的时效和更实在的服务，尤其在末端配送环节，不仅有京东快递小哥送货上门，无人车也再次加入，为消费者提供无接触配送，收寄更安全。

2023年"双11"期间，600台智能快递车和超100台室内配送机器人的投用为消费者提供"最后1km"和"最后100m"末端配送服务，智能快递车如图8-15所示。京东物流智能快递车最大可载重200kg，可续航100km，集成了高精度定位、融合感知、行为预测、仿真、智能网联等10项核心技术，可以实现L4级别自动驾驶。通过人车组合，单个京东快递小哥的配送效率得以提高，顺利通过流量高峰的考验，收入也实实在在得到了提高。

作为国内首家将自动驾驶应用到物流实际场景中的企业，京东物流无人车数量规模最大、跑行时间最长、分布区域最广，实现了对城市社区、商业园区、办公楼宇、公寓住宅、酒店、校园、商超、门店8大场景的覆盖，极大地满足了消费者的多元需求。

图8-15　京东物流智能快递车

课堂讨论：通过本案例你受到什么启发？

项目小结

本项目重点梳理了新零售与人工智能应用，从五个部分向读者阐述人工智能在新零售中的具体应用。第一部分，介绍人工智能，并重点分析了人工智能对新零售的价值和意义；第二部分，向读者介绍人工智能在新零售营销中的应用；第三部分，向读者解释人工智能如何在采购预测、订单处理及支付方面发力；第四部分，则主要介绍了人工智能在新零售客户服务中的应用；第五部分，从仓储物流角度分析了人工智能的优势与应用。

实训演练

实训背景

李想是一名大三学生，目前正在一家老牌公司总部的客服部实习。该公司是当地最早的国有商业企业，涉及百货、超市、电器、汽贸等领域。该公司业务范围广，人工客服成本高，效率低；客服部门架构复杂，沟通管理困难；电销、客服均需人工手动记录，便利性差，人工回访效率低，无法转化。近期，该公司想利用人工智能改革升级，打造新零售业态，让公司焕发活力。李想所在的客服部正在积极讨论改革方案，请你针对目前公司客服部门存在的问题，帮李想提出解决方案。

实训要求

1. 解决方案应具有针对性。
2. 解决方案应具有可行性。

同步实测

一、单选题

1. 机器/计算机模仿人类思考和做出决策的方式是（　　）。
　　A. 拣选机器人　　　　　　　　　　　　B. IOT
　　C. 云音响播报器　　　　　　　　　　　D. 人工智能
2. 在数字化营销领域，（　　）已成为提升营销效能、加速业务发展的关键。
　　A. AI　　　　　　B. AGV　　　　　　C. 机械臂　　　　　D. 无人机

二、多选题

1. 基于能力，人工智能可以分为（　　）。
　　A. 狭义人工智能　　　　　　　　　　　B. 通用人工智能

C．超级人工智能   D．新一代人工智能

2．基于功能，人工智能分为（ ）。

 A．反应型机器人工智能   B．有限记忆人工智能

 C．心智理论人工智能   D．自我意识人工智能

三、判断题

1．AIOT 指人工智能技术与物联网技术在实际应用中的互相融合。（ ）

2．狭义人工智能，也称强人工智能或人工通用智能（AGI），可以理解和学习人类能够进行的任何智力任务。（ ）

3．反应型机器是没有记忆的人工智能系统。（ ）

四、简答题

1．简述人工智能的类型。

2．人工智能应用的现实案例有哪些？

3．新零售与人工智能的结合是如何重塑零售行业未来的？

素质拓展

道德行动体视角下生成式人工智能伦理问题解析

  智能社会在积极变革人类社会的同时，也伴随着消极面。人工智能（AI）是人类社会科学技术发展的必然产物，是人的本质力量对象化的结果。它不仅延续了人类善的方面，也延展了人类恶的方面。人类与人工智能互动关系的构建中，存在诸多不确定性。尤其是近年来，生成式人工智能技术的突飞猛进，不可避免地引发了各界对人工智能伦理的深度忧虑。

  最早，人们发明机器是为了摆脱繁重的体力劳动。随着时代的进步，这种替代意愿从体力劳动扩展到脑力劳动，智能机器被用来解决复杂的计算问题、规划问题、决策问题等。如今基于大模型的多模态生成式人工智能，更是一步步刷新了人类对人工智能边界的未来想象。这不禁使人们自问：研发人工智能究竟为了什么？如果用它代替人类做任何形式的活动，人类生活会因此进步还是倒退？假设未来人工智能演化出足够的智慧能力，人类还能扮演什么角色？面对这种沉思，人工智能发展应该把握一个社会可接受的"度"，而非一味追求速度。同时，是否需要将人工智能的发展控制在整体弱而单项强的水平上，是否有必要在一定程度上保留人工智能的致命智力缺陷，则有待政策界、学术界、产业界共同研讨。

  生成式人工智能技术的发展对人类的最大威胁，既不是失业问题，也不是它强大到消灭人类的问题，而是对人类在工业文明基础上形成的价值观、发展观、就业观、财富观、分配制度等治理体系与传统概念框架的挑战。当环境变化太快，原有的概念框架和价值体系赶不上正在发生的变化时，才是每个人应该正视的真正风险。智能技术、智能产业、智能社会正在形成一个新的"生态"。

  总之，随着生活水平的不断提升，人类关注的不再只是如何发展、怎样发展的传统问题，

而是应该积极面对怎样更好、更有价值地发展的新问题。生成式人工智能技术是这个时代的产物，人们应当与时俱进、转换思维，在不断变化的形势下探究伦理新难题、应对治理新挑战，实现生成式人工智能技术的善创、善用、善治。

思考：

（1）生成式人工智能技术的发展有什么弊端？

（2）针对目前生成式人工智能技术存在的弊端，你认为可以做些什么？

参考文献

[1] 李磊. 新零售业态下中小型网店运营策略[J]. 武汉商学院学报，2024 (01).

[2] 邹丽，严黄一仪. 新零售运营管理[M]. 2 版. 北京：人民邮电出版社，2023.

[3] 天下网商. 新零售全解读[M]. 北京：电子工业出版社，2018.

[4] 魏富来. 新零售驱动下实体零售数字化转型研究——以"海澜之家"为例[J]. 商业经济，2024 (03).

[5] 夏禹. 向 AI 提问的艺术：提示工程入门与应用[M]. 北京：北京大学出版社，2024.

[6] 徐瑞萍，周颖，刁生富. 新零售实践：智能技术驱动下的零售业转型之路[M]. 北京：电子工业出版社，2021.